Un petit baobab
pour vivre ensemble

Écrire l'Afrique
Collection dirigée par Denis Pryen

Romans, récits, témoignages littéraires et sociologiques, cette collection reflète les multiples aspects du quotidien des Africains.

Dernières parutions

Pius NGANDU Nkashama, *Dialogues et entretiens d'auteur*, 2012.
Hélène MILLET, *Roman Bambéen*, 2012.
ITOUA-NDINGA, Le *roman des immigrés,* 2012.
Paul-Evariste OKOURI, *Prison à vie*, 2012.
Michèle ASSAMOUA, *Le défi. Couples mixtes en Côte d'Ivoire*, 2e édition revue et corrigée, 2012
Angeline Solange BONONO, *Marie-France l'Orpailleuse*, 2012.
Jules C. AGBOTON, *Ma belle-sœur (et quatre autres nouvelles)*, 2012.
Joseph NGATCHOU-WANDJI, *Le Vent du Printemps*, 2012.
Faustin KEOUA LETURMY, *Dans le couloir du campus*, 2012.
Abdou DIAGNE, *Les Larmes d'une martyre*, 2012.
René GRAUWET, *Au service du Katanga. Mémoires*, 2012.
Antoine MANSON VIGOU, *Journal d'un demandeur d'asile*, 2012.
Brigitte KEHRER, *Poudre d'Afrique*, 2012.
Patrick Serge Boutsindi, *Bal des Sapeurs à Bacongo*, 2011.
Alice Toulaye SOW, *Une illusion généreuse*, 2011
Kapashika DIKUYI, *Le Camouflet*, 2011.
André-Hubert ONANA MFEGE, *Le cimetière des immigrants subsahariens*, 2011.
José MAMBWINI KIVUILA KIAKU, *Le Combat d'un Congolais en exil*, 2011.
Aboubacar Eros SISSOKO, *Mais qui a tué Sambala ?*, 2011.
Gilbert GBESSAYA, *La danse du changer-changer au pays des pieds déformés*, 2011.
Blommaert KEMPS, *Confidences d'un mari désabusé*, 2011.
Nacrita LEP-BIBOM, *Tourbillons d'émotions*, 2011.
Eric DIBAS-FRANCK, *Destins maudits*, 2011.

Yaya Sickou Dianka

Un petit baobab pour vivre ensemble

Préface d'Éric Belloir

© **L'Harmattan, 2012**
5-7, rue de l'Ecole-Polytechnique, 75005 Paris

http://www.librairieharmattan.com
diffusion.harmattan@wanadoo.fr
harmattan1@wanadoo.fr

ISBN : 978-2-296-99060-9
EAN : 9782296990609

Pour Fatimata, mon épouse
Pour Cheikh, Kardiatou, Issa, Madina
mes « *Petits bouts de bois de Dieu* »

Avant-propos

Dans les pages suivantes, tu entendras souvent parler de mon village natal : **Ourossogui** est situé à plus de 800 kilomètres de Dakar, au Nord-Est du Sénégal, sur les bords du fleuve qui porte son nom. Etymologiquement, Ouro-Sogui s'écrit en deux mots : *Ouro*** ou village en peul et Sogui, prénom d'un berger peul. Vers 1839, ce pasteur s'était installé à l'est de la bourgade avec son troupeau de bovidés avant d'en être expulsé par des chasseurs, peuls également, de la famille Dia.

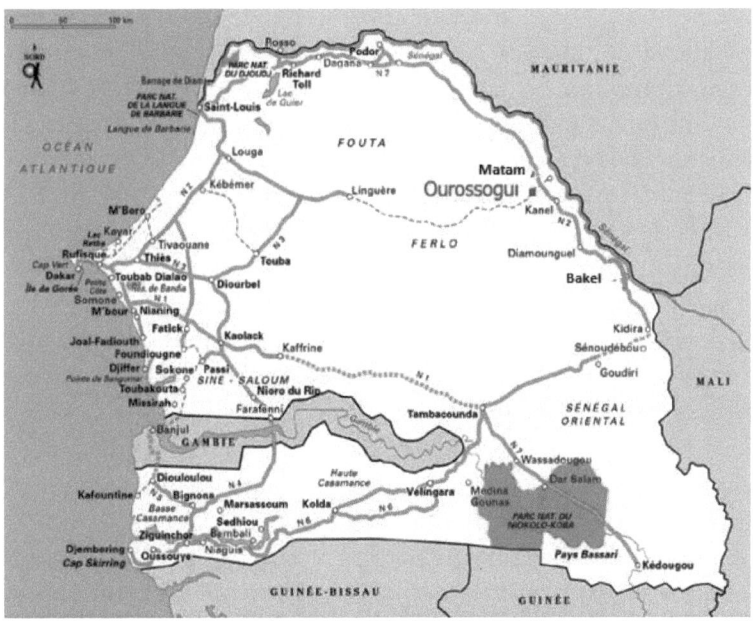

Jusqu'à une date récente, Ourossogui était dirigé par six maisons de dignitaires, des nobles qui choisissaient parmi eux les futurs chefs du village.

Sur ces six familles dignitaires, seules trois pouvaient prétendre diriger le village : Boubou Oumar, Dembéré et Diabidiama ; nantis de pouvoirs particuliers, les autres étaient conseillers, et de ce fait coresponsables de la bonne gouvernance. Comme tu le vois, il y avait chez moi une certaine démocratie comparable à celle de la Grèce antique. Par exemple, les Niang-Niangbé étaient chargés de fabriquer et de faire porter solennellement la chéchia, la couronne du chef du village. Les Foulbé Yirlabé géraient tout ce qui avait trait au bétail (reproduction, santé des troupeaux, etc.), les Diabidiama étant garants de la paix sociale.

Dans la communauté *Pulaar*** (*peule* en français), il y a trois classes sociales : les nobles, les artisans et les captifs.

Les nobles détiennent les pouvoirs religieux (fonction de califat ou imamat pour la direction des prières), politiques (chefs de village, chefs de canton) et économiques (propriétaires de terre et de bétail).

Les artisans, classe intermédiaire, sont attachés à un métier spécifique comme les boisseliers, les forgerons, les tisserands, les cordonniers… Quant aux captifs, ce sont d'anciens esclaves qui cultivent les champs des nobles et doivent leur donner les deux tiers des récoltes.

Les captifs peuvent aussi apprendre un métier manuel qui leur permet de vivre toute l'année, y compris en dehors des périodes des travaux des champs.

Je suis né dans ce contexte.

Mon village a subi en quelques décennies une mutation sur tous les plans : géographique, sociologique, culturel, économique et surtout démographique. Il est séparé de la Mauritanie par le fleuve Sénégal qui sert de frontière naturelle entre les deux pays; aussi, auparavant, les populations y vivaient-elles des cultures de décrue ou *walo*** après l'inondation annuelle.

La pêche, la chasse et la cueillette - activités pratiquées toute l'année - satisfaisaient les besoins des habitants de mon village. Enfants, mes copains et moi allions à la cueillette de gomme arabique, de fruits et de miel sauvages dans les acacias et de diverses herbacées nombreuses dans la forêt proche.

Combien de fois, apeurés par les rugissements des lions et des panthères, le grommellement des sangliers et le beuglement des antilopes, n'avions-nous pas tenté de nous cacher du mieux que nous pouvions ? Dans les champs, le piaillement des singes et autres chimpanzés, audible et assourdissant, nous rappelait qu'ils sont bien les auteurs des dégâts causés sur les épis de maïs, de mil et de sorgho. Nous devions aussi nous méfier des serpents comme les boas, les vipères.

Dans tous les cas, nous n'étions jamais revenus bredouilles d'une sortie du village et toujours fiers de présenter nos prises à nos parents : pintades, lapins ou écureuils, pigeons et poissons d'eau douce.

A partir de 1970, des années de sécheresse exceptionnelles ont modifié sensiblement le paysage de la région caractérisée par des déficits pluviométriques et des écarts de température considérables. Les hommes sont à la fois responsables, victimes et solutions de cette situation aggravée par leurs actions : ils n'ont pas adapté assez vite leur comportement pour préserver la végétation restante. Aujourd'hui, il ne reste que des épineux, et tous les animaux ont disparu.

Les habitants ont été poussés à un exode rural vers Dakar et Kaolack (bassin arachidier). Bien avant l'Europe, l'émigration vers les capitales des pays voisins (Mali, Mauritanie, Côte d'Ivoire) puis vers l'Afrique Centrale (Gabon, Congo, Cameroun et Pays des Grands Lacs) a commencé pendant cette décennie. Les premiers migrants retournaient au pays après avoir travaillé entre dix et vingt ans à l'étranger. Ils étaient remplacés ensuite par leurs enfants ou un membre de la famille : c'est le principe de l'immigration tournante. Par la suite, les restrictions sur les mouvements migratoires ont poussé de nombreux africains à s'installer et à faire venir leur famille. Ces mobilités sont marquées par les procédures de regroupement familial avec les demandes de certificats d'hébergement (mairies) et de visas (ambassades de France à l'étranger). Cette période correspond à l'entrée légale et au séjour des familles polygames sur le territoire français. On est dans la décennie 70.

De nos jours, combien d'habitants vivent à Ourossogui et combien à l'étranger ?

« L'Homme est le remède de l'Homme »

(Proverbe du Sénégal)

Avertissement

*   Langue soninké.
** Langue peule.
*** Langue wolof.

Pour un souci de clarté, j'ai fait le choix de franciser la toponymie de certains noms et localités.

Préface

Dans le petit restaurant de Donald, mon ami camerounais, je m'assois de préférence devant la fresque qui recouvre le mur du fond d'une petite mezzanine, insolite vestige d'une architecture qui se perd dans la nuit des siècles.
J'observe les personnages d'un village africain qui, chaque soir, me jouent différemment la même scène. Il y a la maman dont les bras démesurés actionnent un pilon grand comme un arbre et dont le regard suit la course d'un enfant à la poursuite d'un vieux pneu. Au retour des champs, on aperçoit deux chasseurs portant, suspendue par les pattes, une antilope et, sur la droite, accroupi devant sa maison et les yeux rivés sur le sol, un vieil homme frappe sur un *djembe***...
Le contraste est violent entre la peau très noire, aux reflets bleutés, de ces personnages, leurs regards graves, et la douceur pastel du ciel et de la terre. Je ne peux détacher mes yeux de cette peinture à la facture naïve, image d'Epinal qui me raconte des centaines d'histoires.
Ce soir, elle me raconte celle de Yaya, un enfant au milieu des siens à Ourossogui, son village du Sénégal aux confins des sables ; cette histoire, ami lecteur, tu vas la découvrir toi aussi dans ce livre, quand j'aurai fini d'en ouvrir la porte.
Car ce livre est le récit, ou plutôt la relecture d'une vie éclairée par le plus beau soleil ayant jamais brillé, à savoir celui d'une enfance heureuse et confiante ; une enfance contenant toutes les promesses des rencontres, des voyages, des découvertes futures mais aussi des nombreuses confrontations avec les douleurs de l'éloignement, le regard des autres, si prompt à l'arrogance ou à l'indifférence, et la lame aiguisée qui nous détaille, nous les humains, en êtres différents et ce faisant, malgré la blessure infligée, nous ouvre un chemin d'humanité.
C'est pour moi la leçon la plus intéressante de cet ouvrage, à la fois modeste et ambitieux, parmi bien d'autres : l'auteur, dans ce va-et-vient entre son enfance sénégalaise, peuplée de visages

aimés et d'expériences fondatrices et les différentes étapes de sa vie d'adulte étudiant, puis animateur, médiateur, conseiller, citoyen, père de famille en France, lève pour nous le voile sur une vérité profonde : la différence, assumée comme telle, est en elle-même créatrice d'être et d'humanité ; elle sculpte les visages dans le chaos indifférencié, elle anime les regards et nous permet d'échapper aux identités meurtrières et aux confusions qui nous consument. Ainsi s'ouvrent des espaces où il est possible de vivre ensemble et en paix, d'arriver et de repartir, non seulement dans la tolérance et le respect, mais surtout en développant le goût, le désir de rencontrer l'autre plutôt que l'image de soi-même. A cet égard, la confession de Yaya Dianka, au sens augustinien du terme, à propos de son identité religieuse, est remarquable d'authenticité et de justesse, porteuse d'ouverture et d'échanges entre les peuples et les cultures.

Yaya Dianka a le goût de la métaphore et le sens du détail. Son livre a poussé comme un arbre, le baobab des paysages familiers, aux multiples branches et ramures, aux innombrables feuilles. Il a aussi le souci, outre le regard sur sa propre vie, de nous livrer ses réflexions sur notre monde, ses enjeux, les défis à relever ; il y a chez lui quelque héritage des moralistes français, d'un Montaigne ou d'un La Fontaine dans l'entrecroisement du récit et de la pensée, mais sans le mauvais esprit, l'ironie qui caractérisent si bien nos moralistes, et les fait avancer avec prudence et sans trop d'illusion sur les routes humaines. Ici, s'ouvre un cœur sans détour, que l'on pourrait croire naïf...

Mais voilà ! Ce serait ignorer l'influence qu'il m'a semblé déceler, tout au long de cet ouvrage, de la poésie, de la sagesse, voire de la mystique du soufisme. On sait que partout où il y a des musulmans dans le monde, il y a des soufis, on sait aussi qu'il y a fort peu de Sénégalais qui ne revendiquent, selon le philosophe Souleymane Bachir Diagne, leur appartenance à quelqu'une des quatre ou cinq confréries de cette spiritualité qui irriguent le pays et contribuent à renforcer le lien social.

J'ai cru comprendre que, dans cette sagesse, il est bon pour l'homme de se perdre dans l'Infini pour mieux se construire

soi-même, à l'instar de la goutte d'eau qui, en se diluant dans l'océan, absorbe tout entier celui-ci et trouve son être propre ; j'ai cru comprendre que, dans cette spiritualité religieuse et morale, la litanie qui prime sur toute autre et inspire les actes, une fois accomplie la profession de foi, est celle du pardon ; j'ai cru comprendre enfin que dans ces confréries, à travers le monde, on caresse toujours le rêve de retrouver l'élan d'un Islam d'ouverture, de pensée et de dialogue, sur lequel certaines lourdes portes se sont refermées au treizième siècle…
Ainsi ce baobab est-il porteur de promesses pour notre humanité.
Je t'invite, lecteur, à te reposer de temps à autre dans la fraîcheur de son ombrage.

Eric BELLOIR,
Professeur de philosophie, formateur, ami

Prologue

« À toi qui te penches sur mes réflexions : c'est au présent de l'indicatif que je décrirai tous mes souvenirs passés. Mon enfance africaine est une source joyeuse dans laquelle se mêlent intimement avant et maintenant. Pour que tu comprennes, je souhaite t'emmener au plus près. »

Des mots courent dans ma tête aux quatre vents : quatre langues qui se croisent, se côtoient, se mêlent et s'enrichissent comme les quatre points cardinaux. C'est au Sénégal que je suis né Sarakholé en pays soninké, j'ai grandi chez les Peuls, j'ai étudié auprès des Wolofs et je travaille aujourd'hui au pays des Gaulois depuis près d'un quart de siècle.
Les vocables dont je dispose ne souhaitent pas avoir raison les uns des autres, mais se complètent et cherchent des réponses. Selon les personnes et les circonstances, je pense dans l'une de ces langues et il m'arrive de m'exprimer dans une autre.
Comprendre et se faire comprendre est la source du bien-vivre ensemble. Ce que je suis devenu aujourd'hui, je l'ai puisé au sein de ma famille, de mon village, je l'ai appris auprès de mes maîtres et complété par les rencontres que j'ai faites. Je cherche continuellement à renforcer cette succession de fidélités avec celles et ceux qui m'ont accueilli en France.
Passé, présent et futur cohabitent ; tout dialogue en moi crée une Babel heureuse !
Chez nous, au Sénégal, on ne compte pas, et peu importe ! Je ne dirai pas combien nous sommes dans la famille, mais quelques-uns de ces « bouts de bois de Dieu » que nous sommes viendront faire vivre mon récit.
Mmaa et Baaba seront là au début, mais aussi à chaque coin de page. Arriveront ensuite Monsieur Dia et Thierno Abdoul Hamath, mes maîtres. Ils incarneront tous l'Afrique, sous la forme d'un petit baobab à quatre branches-chapitres, plus une

cinquième très personnelle, auxquelles viendront s'accrocher treize feuilles-répliques qui débuteront toutes par

Et comment...
Sans chronologie, mais avec un lien fort, elles établiront un dialogue avec ma terre d'accueil, la France. Ensemble, branche après branche, feuille après feuille, aidons le petit baobab à grandir.

Première branche

Le village avec Mmaa

Sous le toit de *makompee**- la *case* de ma mère - c'est là que je vois le jour et que je grandis. Mmaa c'est ma mère, la première épouse de mon père.
Cette femme-accueil se prénomme Assa, avec fierté ; les intimes la nomment Assa Kolly Diedia : Assa fille de Kolly, petite-fille de Diedia. De taille moyenne, longiligne, élégante, Mmaa accorde une attention particulière à ses vêtements et à ses parures orfévrées une à une par son mari bijoutier. Le bleu clair, sa couleur préférée et symbolique, rehausse l'éclat de son teint noir d'ébène profond et de ses dents très blanches.
Accueillante, courtoise pour les hôtes de passage et auxquels elle offre l'*hospitalité* ou *daroye*e*... elle prend toujours le temps de mettre ses hôtes à l'aise : « Je suis sur le dos de mon âne », nous dit-elle en voulant nous expliquant que rien ne sert de courir et de presser son animal auquel elle fait entière confiance. Elle utilise son humour en se servant des relations de cousinage comme de clefs pour entrer en contact. Qu'est-ce qu'une relation de cousinage ? C'est une variante de la « parenté à plaisanterie », très utilisée dans la tradition orale africaine. Nommée *dendiraagal*** chez les Peuls, *kallungora** pour les Soninké et *kall**** pour les Wolof, c'est une pratique sociale observable dans toute l'Afrique occidentale, qui autorise, et parfois même oblige les membres d'une même famille - tels que des cousins éloignés - ou de certaines ethnies entre elles, à se moquer, voire à proférer des grossièretés. Ces railleries et ces affrontements verbaux, acceptés de tous, sont en réalité des moyens de décrispation sociale.
Avec une bienveillance dont elle seule a le secret, Mmaa trouve toujours le moyen de dénouer des situations inextricables dans la bonne humeur, pour le plaisir de rire et de communiquer.

Je suis imprégné de sa façon d'être avec les autres, y compris ses coépouses. Elle refuse d'entretenir des conflits qui, de toute façon, existent au quotidien : des mesquineries liées à la jalousie quant à sa position de première épouse et de mère de plusieurs garçons. Comme le disent mes oncles, Mmaa c'est *sumpujokanaa** : *une aiguille qui coud*, qui bouche les trous et que l'on souhaiterait avoir dans toutes les familles.

Le fil qu'elle utilise est choisi avec finesse pour allier au plus près les tissus distendus, et sa bobine demeure inépuisable…

Mmaa est fière de ses fils, mais éprouve beaucoup de peine de ne pas avoir vu survivre ses filles.

Dans cette société où les rôles sont très partagés, nous avons, mes frères et moi, à la fois rempli les tâches dévolues aux garçons et suppléé aux activités féminines. Ainsi chaque matin, les tout premiers actes pour Mmaa consistent à aller chercher le bois mort et quelques bouses de vaches pour la cuisson des aliments. Certaines déjections animales sont connues et utilisées pour l'allumage et l'entretien du feu. Nous récoltons les feuilles d'épinards et de haricots blancs ainsi que les fleurs d'hibiscus. Nous cueillons au passage les fruits sauvages du jujubier, les *bohè*** ou *fruits du baobab* (appelés aussi pains de singe), les *myrobalan égyptien* ou dattes du désert (genre de lychees) et les *gelleje*** du palétuvier.

Et puis, de temps en temps, Mmaa nous recommande discrètement de prendre au passage quelques racines d'un arbre, une poignée d'écorces ou de feuilles de plantes médicinales. Tous ces fagots sont transportés en parfait équilibre sur nos têtes, laissant nos petits bras libres de leurs mouvements. Nous avons tellement l'habitude de cet effort et nous voulons tellement faire plaisir à Maman que nous n'en sentons même pas le poids !

Ma mère ne supporte pas le mal et la souffrance des autres, qu'elle a toujours combattus à sa façon. Aussi, elle nous confie la mission délicate d'exécuter des rituels pour apporter un soulagement à des maux, une protection pour les récoltes, une solution à des difficultés relationnelles ou un tout petit coup de pouce supplémentaire pour améliorer le quotidien. Nous devons enrouler dans une feuille de maïs ou de mil une prière, un gris-gris que l'on enterre ensuite sous les racines d'un arbre ou que l'on accroche à un endroit précis d'un plant de canne à sucre, d'une tige de mil, dans un coin de la maisonnée. Avant toute action, nos parents sollicitent souvent les marabouts. Avec les trempes qu'on leur connaît, ils nous prescrivent des gris-gris, des potions magiques et autres protections pour conjurer les mauvais sorts et débroussailler les chemins de la vie.

Les offrandes et les implorations de Dieu sont une façon pour Mmaa de prendre soin de ses invités, qui sont ainsi sous sa protection.

Par ailleurs, cette femme est maniaque, elle ne plaisante pas avec l'hygiène, et sait que la santé est précieuse. Combien de filles a-t-elle enterrées à cause du paludisme ou de maladies infantiles ? Quand elle fait la cuisine, les récipients contenant le lait ou la semoule de couscous sont systématiquement couverts de linges propres pour les protéger des mouches et des insectes volants. Elle nettoie et désinfecte avec minutie les pots *canaris*, les jarres et autres ustensiles contenant l'eau destinée à l'alimentation. Comme toutes les mamans du monde, première à se lever, elle est la dernière à se coucher, trouvant toujours quelque tâche à accomplir.

« Le dîner se mange la nuit et se prépare le jour », ce proverbe peul fait allusion avec simplicité à la préparation et à la consommation du repas en l'associant étroitement avec le rythme naturel du temps. Au retour des champs situés derrière le village, mes frères et moi sommes lourdement chargés de fagots de bois, de légumes ou de fruits sauvages et notre tâche doit s'arrêter là, en principe. Mais en l'absence de sœurs utérines, nous la prolongeons en aidant maman à préparer le repas du soir qu'il faut bien anticiper, notamment à cause des orages imprévisibles durant l'hivernage.

Mmaa commence toujours par choisir avec minutie la quantité d'épis de mil dans le grenier. Elle entame alors un rituel en trois temps. Après avoir perçu d'où vient le vent, sa main gauche tient la calebasse : de la main droite, elle laisse tomber les graines du *nyorgo*** ou *van*, le souffle complice se charge de laisser s'envoler les cosses, et les graines libérées retombent dans la calebasse. Ensuite elle les dépose humidifiées dans le mortier en bois. A ce moment-là, elle saisit le pilon et entame un geste de va-et-vient pour piler le mil, mon frère cadet bien attaché sur son dos. Pour se donner du courage, elle entonne quelques-unes de ses chansons préférées, en Soninké toujours. Elle s'assied et prend ensuite le tamis moyen pour séparer la graine du son. Après un bref temps de séchage, elle recommence plusieurs fois l'opération pour obtenir une belle semoule à l'aide du tamis fin. Quelle habileté !

Assis à côté d'elle autour de la marmite installée sur un foyer surmonté de trois grosses pierres, ou d'un *napale*** (*trépied en fer forgé et tressé*), nous épluchons les légumes. Tous ces ingrédients sont ensuite pilés avec des cacahuètes et du poisson séché pour obtenir une sauce teintée : selon la dominante du plat, la couleur est plutôt grise si celui-ci est composé en majorité de poisson, verte si les légumes prévalent.

Nous, « petits bouts de bois », malhabiles, devons répéter plusieurs fois l'opération de tamisage de la préparation, alors que ce travail aurait été réalisé plus rapidement par des mains féminines. Pendant ce temps, l'eau bout dans la marmite et envoie sa vapeur sur le couscoussier contenant la semoule de céréales que Mmaa a si longuement préparée.

Les tâches se déroulent toujours avec des échanges multiples : nous dialoguons, rions, chahutons...

« *Tout ce que dit le petit maure, il l'a appris sous la tente !* ».

Tout en entretenant le feu et en surveillant la cuisson de la sauce qui mijote, Mmaa maintient la vapeur qui s'échappe, en ceinturant la marmite avec un linge humide propre pour colmater les fuites et réaliser ainsi une première cuisson. Elle retire le tout et le dispose dans la calebasse puis, avec l'écumoire, elle aère la semoule avec des mouvements tournants et rajoute un peu d'eau. Commence alors la dernière cuisson, avec une répétition des mêmes gestes.

Tout est finalement prêt lorsque Mmaa retire le bois ; elle laisse les braises dont les cendres maintenant au chaud la préparation.

La semoule est toujours disposée dans la calebasse, et protégée des poussières, empêchant ainsi les animaux domestiques de chaparder la nourriture familiale.

Mmaa se rend alors à l'enclos situé au fond de la maison pour traire les brebis, les chèvres et les vaches. À chaque liquide correspond une calebasse, les plus grandes étant réservées pour les vaches laitières.

Combien de fois, trahi par des traces blanches suspectes séchées sur mon petit nez noir pointu, je suis corrigé par ma mère pour avoir bu le lait qu'elle a patiemment trait ! Je suis sûrement dénoncé par un de mes frères. Ce n'est pas la première fois mais j'ai juré de leur rendre la monnaie. Car nous les enfants, venons récupérer les récipients remplis et les déposons chacun sur un trépied pour laisser reposer le liquide.

Puis, elle s'assure que son fidèle compagnon, le minou tout blanc, est à sa place. Elle est la seule femme de la maisonnée à avoir élevé un chat.

Enfin elle jette un dernier coup d'œil sur l'ardeur des braises, surveille la chaleur des marmites et la disposition des *lehee*** ou *bols en bois*, qui recevront la nourriture avant de se préparer pour la cinquième et dernière prière de la journée.

À l'approche de *la tombée de la nuit* ou *futuroo***, Baaba mon père, un des muezzins du village, s'apprête également pour la prière en rangeant les outils de la bijouterie. Le temporel et le spirituel sont coordonnés de façon naturelle, tant les actes se répètent depuis des années.

Dans notre tradition, il y a une règle respectée par toutes les familles depuis des générations : les repas se prennent après la prière, permettant ainsi d'inviter à manger tout étranger rencontré à la mosquée ; c'est le signe de nos valeurs d'accueil, d'hospitalité et de partage.

Je fais le rapprochement avec la coutume que mes amis chrétiens m'ont expliquée : les lendemains de Noël, il y a toujours l'assiette du pauvre posée au coin de la table familiale, preuve une fois encore que ce qui nous unit est plus important que ce qui nous sépare. Aujourd'hui encore dans certaines familles françaises, on est toujours prêt à ajouter un couvert pour l'hôte imprévu, selon l'adage « Quand il y en a pour cinq, il y en a pour six ».

Mmaa s'assure que les toilettes sont toujours propres, elle balaie, astique et dépoussière tout. Comme toutes les femmes, elle prie à la maison.

Elle vérifie toujours avec appréhension si la *bouilloire* ou *satalla*** contient assez d'eau pour procéder à ses ablutions. Son inquiétude est légitime, car parfois nous oublions de remplir le récipient : chez nous, la bouilloire est aux toilettes ce que les papiers sont à nos lieux d'aisance modernes !

Maman est maintenant prête pour la prière. Elle abandonne alors son cure-dents - le bois humide qu'elle mâchonne toute la journée à la fois par manie et pour garder la bouche fraîche - et revêt un boubou adapté à la circonstance. Mmaa aime particulièrement la djellaba et le chapelet qui lui ont été donnés par sa mère Peinda Saké au retour de La Mecque. Pour entamer la prière du coucher du soleil, elle déplie avec application la petite natte tressée que lui a offerte sa cousine germaine qui vit à Kaédi, en Mauritanie : elle est alors dans l'attente de l'appel du muezzin, son mari. Ce rituel est répété par Mmaa cinq fois par jour.

Baaba revient de la mosquée tantôt avec un étranger de passage, tantôt avec quelques copains pour le dîner.

La cuisine au sein d'une famille polygame relève d'une savante organisation ! Elle est assurée à tour de rôle par chacune des épouses de mon père et de mes oncles.

Le contenu de la grande marmite est alors réparti dans des calebasses de tailles différentes selon l'appétit de chacun. Il peut y avoir jusqu'à une demi-douzaine d'assiettes à remplir : celle de mon père, de ses frères et de ses invités éventuels, celle de ma mère, de ses coépouses et de mes tantes, celle des jeunes enfants, celle des jeunes filles et celle de chacun de mes quatre frères.

Chaque groupe se retrouve donc avec plusieurs plats contenant des mets variés. Mmaa apporte les parts des hommes devant la case du plus âgé. Deux fois par jour, au déjeuner et au dîner, toute la gent féminine se retrouve chez l'épouse du frère aîné de mon père. Seule la présence d'une invitée peut modifier cet usage. Assises en rond sur de simples petits troncs d'arbres sculptés qui servent de bancs ou à même le sol, elles partagent la nourriture et détaillent les petits faits de la journée. Mmaa ressert ses coépouses et celles de ses beaux-frères, elle les appelle chacune par leur prénom, par principe.

Cette forme de reconnaissance quotidienne apaise les conflits éventuels qui ont pu naître. Les autres femmes n'adoptent pas forcément une attitude réciproque.

En l'absence de Mmaa, nous, les enfants, avons souvenir d'avoir eu de plus petites parts, ce qui nous obligeait à compléter notre nourriture chez nos pères, nous privant ainsi de rejoindre notre classe d'âge. Nous allions parfois retrouver sa sœur cadette dans la maisonnée mitoyenne pour calmer notre faim d'éléphant !

Les jeunes filles et les enfants se retrouvent au milieu des mamans, beaucoup de rires et de pleurs de bébés les environnent.

Au fur et à mesure que le couscous et la sauce sont consommés, à tour de rôle, les épouses remplissent à nouveau le plat commun posé par terre ou sur une natte.

Mmaa ne laisse jamais passer un repas sans chercher à glisser quelques plaisanteries que toutes attendent, bien que personne ne soit épargné. Le moindre détail peut en faire l'objet et les plus petits gestes involontaires exploités à sa façon lui apportent de quoi alimenter gaieté et fous rires : *« Oh ! Toi belle femme ! Comment oses-tu nous présenter un si exquis repas juste pour te précipiter aux toilettes, tu avais une envie si pressante ?»* interroge-t-elle avec une fausse naïveté.

Nous les garçons, nous ne mangeons pas forcément tout de suite, trouvant toujours quelques bonnes raisons pour traîner sous les étoiles, improviser quelques séances de lutte, de chant ou de danse. Il nous arrive d'organiser en catimini un vol d'épis de maïs, de fruits, de cannes à sucre ou, plus exceptionnellement, de coqs ou de moutons. Nous ne sommes pas toujours sages !

De façon rituelle, depuis la place du village, nous nous rendons sans ordre préétabli dans les différentes maisons, pour prendre ensemble le dîner, avec nos camarades de la même classe d'âge. Répartis et consommés ensemble, ces mets déterminent notre rapport à la nourriture et à notre vie sociale dès l'âge de six, sept ans.

L'éducation d'un enfant se fait dès son plus jeune âge. Ainsi, très tôt, nous apprenons le sens naturel du partage, ce qu'évoque le proverbe peul : « *Kaayee mahate gila ko kecce*** » ou « *Mieux vaut façonner les pierres lorsqu'elles sont molles* ».

Les nouvelles de chaque famille, des plus simples aux plus graves, circulent au gré de nos déplacements de concession en concession. Nous nous transformons aussi en petits commis pour porter un colis ou quelques victuailles. Nous revenons parfois avec un paquet, un bon morceau de gibier tué par le chasseur, voire un petit animal. Et comme toujours, pendant la saison des pluies, des tas de poissons frais nous sont offerts par *le pêcheur* ou *cubbalo ***, fier de partager ses prises.

L'entraide et la solidarité naturelles entre les membres du village se font dans la plus grande simplicité.

Entourés de la bienveillance des adultes, les enfants se sentent libres, mais responsables.

Règne alors une certaine sécurité affective, qui donne sens à l'éducation dans toutes ses dimensions. Nous profitons des bienfaits de la nature humaine et environnante.

Après le dîner, chaque épouse rejoint sa case. Les restes de nourriture sont réunis dans des récipients et réservés toute la nuit pour les défunts, puis gardés pour le repas des animaux.

Dans notre tradition, nous croyons aux forces surnaturelles, les esprits vivent au milieu des êtres vivants dont ils ne sont jamais séparés, en réalité. Birago Diop[1] a su exprimer poétiquement sa vision musulmane de l'affliction, mêlée aux puissances occultes et à l'animisme africain, rime choisie :

« … *Ceux qui sont morts ne sont jamais partis :*
Ils sont dans l'Ombre qui s'éclaire
Et dans l'ombre qui s'épaissit.
Les Morts ne sont pas sous la Terre :
Ils sont dans l'Arbre qui frémit,
Ils sont dans le Bois qui gémit,
Ils sont dans l'Eau qui coule,
Ils sont dans l'Eau qui dort,
Ils sont dans la Case, ils sont dans la Foule :
Les Morts ne sont pas morts… ».

Le souffle des ancêtres nous est rappelé tous les soirs par les élèves de l'école coranique, *almudbe*** ou *talibe**** qui passent devant les maisons en psalmodiant : « *Bonsoir je suis le talibé, je viens chercher mon dîner, je prends aussi la part des pauvres, la part des étrangers, et je vous rappelle que c'est de votre devoir de faire l'aumône en l'honneur de tous les défunts musulmans. Je vous bénis, je vous souhaite une bonne nuit et pour demain une bonne journée pour vous, pour tous les habitants d'ici et d'ailleurs ; paix et santé sur vous et sur tous ceux qui dorment dans cette demeure.* »

Parfois Mmaa s'étonne de ne pas avoir entendu chanter les *almube* et de constater que leur part est toujours là.

Elle nous questionne et nous gronde, en supposant que nous n'avons pas prêté attention à leur présence. S'ensuivent alors des réprimandes ou d'interminables leçons de morale sur les devoirs à accomplir. Elle nous rappelle avec insistance que notre regretté frère Issa était lui-même *almudo*** (singulier de *almudbe*) dans un autre village…

Mmaa a souvent envie de partager ce qu'elle a connu dans son enfance. Elle est née à Thiankone-Hiraye, petit hameau soninké

---

[1] Birago Diop, Leurres et Lueurs, Editions, Présence africaine, 1960.

de mes grands-parents, où mes frères et moi avons passé de bons moments. Adoptée par son oncle maternel, qui l'a élevée comme le veut la coutume, maman n'est donc pas issue de notre village, qu'elle a rejoint lors de son mariage. D'ailleurs, elle parle toujours la langue peule avec un fort accent soninké, ce qui lui vaut bien des moqueries de la part des membres des familles Konté et Sow avec lesquels les Dianka entretiennent des relations de cousinage depuis des générations.

Moi, Yaya, je suis celui à qui elle transmet le plus facilement son histoire. J'écoute avec beaucoup d'attention ce qu'elle aurait dû dire à ses filles et qu'elle me raconte, simplement, sur sa famille, son village d'adoption, Hamady Hounaré. Son père était un *Sakke*, spécialiste du bois,* issu de la famille des Sow Soumaré.

Il sculptait l'ébène et fabriquait des masques, des fétiches, et même des crèches pour les Blancs, avec un mystérieux enfant nommé Jésus. Ces objets étaient vendus notamment à Saint-Louis du Sénégal ou à Dakar pendant la saison sèche. De mes grands-parents maternels sont issus de grands marabouts locaux, des *Ballu Sakke*, spécialistes* du Coran, des Hadiths du Prophète Mohamed et de la Charia.

Mmaa, comme pour me remercier de lui tenir compagnie, aime d'ailleurs rappeler ce proverbe : « *Celui qui raffermit le cœur de ses parents, Dieu raffermit son propre cœur* ».

Le soir, en fonction de nos échanges plus ou moins longs, soit je rejoins mes copains, soit mes yeux me trahissent et mes paupières se ferment : c'est l'instant de tendresse si cher à Mmaa.

Le désir de filles, visible sur les traits de son visage toujours splendide, se sent aussi dans le battement de son cœur.

Le moment de dormir venu, Mmaa installe les nattes tressées recouvertes de draps épais ou de matelas en mousse sur les *literies traditionnelles* ou *dindeeje***. Situés le plus souvent de part et d'autre de l'entrée de la case, ces lits de forme rectangulaire, faits d'argile et de paille, surélèvent notre couche. Nous sommes ainsi à l'abri d'éventuelles pluies et également des piqûres de moustiques et autres insectes, grâce aux moustiquaires.

A la saison sèche, nous dormons à la belle étoile, sauf en cas d'orages et de vents de sable venant du Sahara tout proche. Les parents passent la nuit à proximité de nous, mais peuvent aussi prendre un peu d'intimité dans la case. Nous, les enfants, sommes installés à leurs côtés sous leur protection. Mmaa a souvent rêvé d'avoir une autre fille, mais cela ne s'est jamais réalisé.

Les images qui naissent de nos nuits sont souvent des signes que nous interprétons au réveil. Parmi nous, certains sont inspirés, et nous écoutons les messages de leurs songes pour orienter nos décisions.

Voilà donc, Mmaa la première branche du baobab, mais où est-elle située ? En haut, en bas, à gauche, à droite, au centre ?
À ton avis ?

Première feuille

Et comment, bien des années plus tard, le fil de la bobine de Mmaa m'accompagne toujours… Médiateur je suis devenu, est-ce par hasard ?

La bobine que tient ma mère entre ses mains a déroulé son fil(s) au-delà de l'océan : je m'y suis accroché d'une main, j'ai laissé l'autre ouvrir les portes d'une autre existence.
Lorsque j'arrive en France le jeudi 14 septembre 1984, tout est pour moi nouveau et sauvage. Il faut que j'apprivoise le quotidien : des gestes simples comme infuser le thé à la menthe sur les feux d'une gazinière - que je découvre pour la première fois - doser l'eau chaude et l'eau froide pour prendre sa douche, surtout ne pas oublier de tirer la chasse d'eau, avoir le réflexe d'éteindre les lumières pour économiser l'énergie…
Tout est à apprendre et à intégrer dans ma nouvelle vie. C'est la communauté africaine de Mantes-la-Jolie qui m'accueille. Ainsi, mon père est rassuré que je sois pris en charge par ces hommes et ces femmes aux valeurs communes aux nôtres. Par contre, je suis confronté à un drôle de dilemme : mes oncles maternels *soninke** habitant à Paris exigent que je vienne vivre chez eux. Je sens une rivalité et une certaine jalousie entre ces deux groupes, comme un affrontement involontaire entre ma mère et mon père. Je suis resté au milieu de ce petit différend familial et j'ai gardé ma neutralité.
Pour ne pas prendre parti, il faut agir vite, mais comment ? Les visites de courtoisie, les services rendus aux uns et aux autres sous forme de démarches administratives, la présence auprès de certains lors des cérémonies religieuses et sociales ont été quelques-uns des facteurs qui ont favorisé mon rapprochement avec ces deux ethnies. Pour y parvenir, j'ai usé de tous les savoir-faire d'un fils d'*artisan* ou *nyeenyo***, avec une prise en compte des besoins de chacun.

Comme Mmaa avec son aiguille, le petit rôle d'écrivain public que je m'étais attribué me permet de tisser, par le dialogue, des liens entre les membres de mes deux familles.

Au Sénégal, ces gens-là vivent dans des villages proches, partagent la même foi mais sont séparés par des considérations culturelles et linguistiques.

En France, le cadre est différent : ils sont amenés à se côtoyer dans leur travail, sur leur lieu de vie et lors des réunions des associations villageoises. Cependant, des contraintes professionnelles et familiales limitent les contacts humains. Heureusement que d'autres moyens de communication existent pour prendre des nouvelles et rompre l'isolement. Mais là aussi les limites sont vite franchies: le téléphone est aux relations humaines ce que la peur est au danger, elle ne l'écarte pas.

Ainsi, envoyer des mandats-lettres pour les familles, écrire et lire un courrier, enregistrer des messages audio etc. permet aux migrants de garder des liens avec le pays d'origine. Démarcher la Caisse d'Allocations Familiales et la Sécurité Sociale, être représentant des parents aux conseils d'écoles, déchiffrer une ordonnance, accompagner au service obstétrique de l'hôpital, remplir un contrat d'assurance et l'interpréter, aider au montage d'une association loi 1901, sont en fait des montagnes à gravir pour mes compatriotes, souvent analphabètes. Que dire du temps passé à expliquer à certains que consulter un psychologue ne signifie pas forcément être dément ?

Un détail significatif : sur les fiches de paye et les dossiers de prêts bancaires, sont mentionnées les garanties en cas d'invalidité, d'attentat ou de décès. On me demande presque toujours de passer sous silence cette rubrique, qui est un sujet tabou. Ma qualité d'étudiant en sciences de l'éducation me donne la disponibilité nécessaire pour remplir ces tâches qui sont des vecteurs d'intégration dans la société française.

C'est ainsi que je suis « repéré » par les services administratifs locaux, dont je suis souvent l'interlocuteur. Le service médico-social doit réaliser une enquête épidémiologique sur la grossesse des immigrées originaires de l'Afrique de l'Ouest, habitant la commune de Mantes-la-Jolie. Une équipe composée d'un médecin, d'une infirmière et d'une assistante sociale me sollicite pour favoriser les rencontres et trouver des interlocutrices volontaires.

Je dois en outre servir d'interprète et faire des reformulations aux candidates ayant accepté de répondre au questionnaire tout au long de leur maternité. La démarche n'est pas aisée, il faut, pour les femmes qui ne maîtrisent pas la langue, s'efforcer de répondre avec quelques mots en français, quand même. Les Africaines, elles aussi, ne parlent pas facilement de leur intimité : la fécondation n'est pas un processus linéaire, c'est une question taboue, c'est un don de Dieu.

L'enquête terminée, un projet de médiation culturelle et familiale démarre et un poste m'est proposé. Connaissant les langues parlées par les immigrés originaires du Mali, de la Mauritanie et du Sénégal (le soninké, le peul et le wolof), je suis le traducteur idéal pour remplir trois missions en une.

Le fait d'être rémunéré pour cette activité, alors que je l'effectue naturellement pour mes communautés, est pour moi source d'étonnement, de questionnement.

Cependant, je comprends l'importance de ces accompagnements qu'il faut formaliser au profit des bénéficiaires et des responsables administratifs. Tout se rejoint en moi : le fils d'*artisan* ou *nyeenyo***, l'étudiant en sociologie et le médiateur qui, par son militantisme, crée les conditions d'une meilleure entente.

Lorsque ma mère apprend ce que je fais en France, elle n'est pas surprise. Elle me compare aux trois pieds de sa marmite qui assurent son équilibre.

La médiation : première feuille de l'arbre, celle qui pousse depuis toujours sur la même branche se renouvelant à chaque printemps, qu'il pleuve ou qu'il vente.

Deuxième feuille

Et comment Mmaa m'a appris à être fier de la part féminine qui est en chacun de nous...

Au sein de ma famille, où les sœurs sont absentes, j'assume sans complexe le rôle que j'occupe dans la maisonnée. Dans la vie, il y a des circonstances qui influent fortement dans la construction de votre personnalité. Pour ma part, celles qui m'amènent à exécuter des tâches plutôt réservées à la gent féminine au cœur d'une société compartimentée en font partie. Mmaa m'appelle *Yaaya gorel*** - Yaya *le petit garçon* - à la fois pour affirmer mon identité masculine et justifier l'aide apportée aux travaux ménagers « féminins ». Bien sûr, dans mon entourage, cette position est souvent interprétée par d'aucuns avec un certain rire sarcastique : satisfaction malsaine de la coépouse, humour des copains et quolibets des copines...
Ce vécu particulier me rattrape lorsque j'arrive en France, confronté à une nouvelle organisation de vie. C'est à Mantes-la-Jolie, dans la famille de mon cousin, que je suis hébergé. Il me remet un jeu de clefs et me recommande : « N'oublie pas de fermer l'appartement en haut et en bas ; et quand tu sors, prends toujours tes papiers sur toi, ici on est en France ! ». Je suis prévenu. Tous les jours, j'aide à la vaisselle, au ménage, au repassage et je sers le thé à la menthe à la famille. Ma cousine, tout en se moquant de moi au début, finit par apprécier cette spontanéité.
Je découvre que les étrangers se répartissent en deux catégories : ceux souvent célibataires qui habitent dans les foyers de travailleurs migrants, et les couples qui vivent dans les tours des quartiers du Val Fourré. Dans les deux cas, c'est pour eux une situation totalement nouvelle à laquelle ils doivent s'adapter.

Sur le plan socioprofessionnel, un rapide coup d'œil sur la classification des salariés montre que les hommes migrants sont ouvriers dans l'automobile, manutentionnaires, éboueurs, employés ou plongeurs dans la restauration. Certains exercent la fonction d'agent de sécurité ou de technicien de surface.

La quasi-totalité des épouses sont mères au foyer. Cependant, les bonnes relations établies entre ces hommes et ces femmes depuis leur vécu commun au village peuvent être brusquement remises en cause voire bouleversées à cause d'obligations personnelles et professionnelles.

Une nouvelle façon de vivre s'impose pour préserver le lien et respecter l'ordre préétabli avec les compatriotes et le contrat social avec l'employeur.

Pour ceux qui vivent dans les foyers, d'un commun accord, une répartition des activités est alors planifiée, et tout un système d'entraide sociale fonctionne, basé sur certains codes de la vie du village. Les catégories dominantes ont demeuré longtemps dans cette organisation; un fils de chef était chargé de la gestion de « la marmite » : il s'agit d'une cotisation acquittée chaque mois en fonction de la situation financière de chacun (chômeur, actif, malade).

Aujourd'hui, avec le temps et les erreurs commises, les compétences réelles sont reconnues aujourd'hui pour tenir le cahier des comptes, assurer l'intendance, effectuer les courses hebdomadaires ou mensuelles. A tour de rôle chacun des immigrés doit périodiquement (selon la taille du groupe), et de façon strictement équitable, faire à manger pour tout le monde. Les courses et la vaisselle sont aussi réparties de façon identique.

Cependant, ce système peut être perturbé à tout moment par des dysfonctionnements inhérents à la vie communautaire, comme les horaires décalés, un regroupement familial, une perte d'emploi, une maladie, un deuil. Les difficultés sont alors plus notoires, et l'accompagnement plus lourd.

Partageant leurs lieux de vie, je suis souvent sollicité, soit pour donner un avis sur des situations personnelles particulières, soit pour apporter un point de vue, un éclairage sur la réglementation du séjour des étrangers. Rarement j'interviens sur des conflits qui, de toute façon, se résolvent toujours grâce à la sagesse de chacun. Curieux destin que celui de ces hommes qui n'ont, pour certains, jamais touché un seul ustensile de cuisine lorsqu'ils habitaient au village : c'est dur de vivre hors de sa patrie et surtout de tenir la place des femmes ! Moi je suis très à l'aise et pas du tout complexé, face à cette réalité. Tous les jours que Dieu fait, je remercie Mmaa qui, par la force des choses, m'a donné cette faculté d'être au service des autres.

Par un jeu de coïncidences, un jour de septembre 1985, j'obtiens un poste de plongeur au restaurant universitaire de l'Alliance Française à Paris ! Je suis déconcerté de me retrouver exerçant la même activité que la plupart de mes compatriotes, moi l'étudiant. Je note cette réflexion de mon patron d'origine juive qui, après avoir pris connaissance de ma situation personnelle, me conseille : « Yaya, n'oublie jamais, la première religion en France, c'est le travail ! ». C'est peut-être celle qui a été inventée par notre système socio-économique moderne.

Cette « expérience » acquise au cours du temps me permet aujourd'hui d'entamer avec mes enfants le dialogue sur le rôle de chacun dans un couple, ici en France et là-bas au pays. En joignant l'acte à la parole, ils ont vite compris la nécessité de s'entraider, ne serait-ce que pour gagner du temps afin que chacun puisse assez rapidement vaquer à ses occupations. Cela nous laisse le temps de nous parler, nous amuser, faire les devoirs, regarder un documentaire ensemble, écouter de la musique ; et ils ont adopté ce mode de vie pour le bonheur de toute la famille.

Avec le concours de leur maman, je leur raconte la vie que je menais au village, comme ils ont pu vérifier eux-mêmes lors de leur séjour à Ourossogui.

Les enfants ont « pigé » facilement que le travail domestique n'est pas une corvée, mais une contribution à la bonne marche de la maison. D'ailleurs, à ce propos, c'est souvent que je leur rappelle avec humour ce proverbe peul : « *Aujourd'hui vous avez bien travaillé, la vaisselle et la cuisine sont propres comme les fesses du Cubbalo*** ! A l'image de ce pêcheur qui passe sa journée les fesses dans l'eau, et les garde toujours propres !

Mon approche est toujours pédagogique : comment aimer ce que l'on fait, prendre le travail comme une valeur et non pas comme une corvée et surtout faire comprendre la noblesse de chaque métier. Faire la plonge dans l'hôtellerie ou la restauration, travailler à la chaîne, être vigile dans les grandes surfaces ou éboueur pour la propreté de nos cités, etc. sont aussi utiles et méritoires que vendre ses talents dans le monde du sport, de la musique, des arts, du théâtre ou dans d'autres domaines : les valeurs, la richesse humaine ne sont pas l'apanage des métiers plus intellectuels ou plus « chics ».

Deux feuilles bien vertes qui n'en font qu'une, jamais l'une au détriment de l'autre : le féminin toujours complémentaire du masculin.

Troisième feuille

Et comment être né à Ourossogui me conduit à poursuivre en France l'aide au développement de mon village...

Mon village existe loin de moi, mais je perçois les battements de son cœur à l'unisson du mien. Partir, quitter sa patrie et ses racines est toujours douloureux.
Mais alors, comment garder les liens tout en s'intégrant, poursuivre et développer ce que les premiers migrants ont entamé ?
Parce que la mort surprend toujours. Suite au décès d'un des leurs en Normandie, les ressortissants de mon village ont mis en place la *fedde jokkore endam***. C'était dans les années 70. Depuis cette date, l'adhésion et la cotisation de chaque salarié à cette *caisse d'entraide* et de solidarité sont obligatoires pour pouvoir bénéficier des avantages de l'engagement associatif. Les sommes épargnées permettent d'anticiper des situations imprévues ou identifiées par des témoignages ou des courriers en provenance d'Ourossogui. La caisse de solidarité fonctionne de façon empirique : un coffre renfermant des milliers de francs caché sous un lit !
Mais à la différence des Anciens, je fais partie de ceux convaincus du bien-fondé de la légalisation. La caisse de solidarité prend alors le nom d'Union d'Entraide des Ressortissants d'Ourossogui en France (*UEROF*). Il en existe de semblables au village, à Dakar, dans certaines capitales africaines, en Europe et aux États-Unis.
Une dizaine d'années plus tard, suite à la soutenance du mémoire d'un natif de notre village, une autre structure nommée Association pour le Développement d'Ourossogui (ADO) est imaginée. Elle a pour vocation le développement intégré du village. Baaba Louis (de son vrai nom Louis de

Crisnoy), le directeur de recherches de cet étudiant, a suggéré aux ressortissants d'Ourossogui en France de rechercher des partenaires pour les aider à mieux répondre aux objectifs fixés. Parmi les premiers contacts, le département de la Drôme qui, après un voyage d'études du Président du Conseil Général sur le terrain, décide de mettre en place un partenariat avec les populations locales : l'Association Drôme Ouro-Sogui (ADOS) est née.

Nous entamons aussi des relations avec deux associations connues pour leur dynamisme et leur expérience avec la problématique des pays du tiers-monde: Bamtaré dans le Limousin, et Savigny Tiers-Monde dans l'Essonne.

L'Association pour le Développement d'Ourossogui peut être comparée à une marmite à trois pieds, comme celle de Mmaa : un à Paris pour rechercher des contacts, un à Dakar pour obtenir les autorisations administratives et le dernier à Ourossogui pour gérer les projets.

Nous soumettons nos idées et besoins à nos amis du Limousin, de la Drôme et de l'Essonne qui partagent nos préoccupations. Nous commençons par les accueillir dans des familles à Mantes-la-Jolie pour qu'ils s'imprègnent de notre culture. Nous apprenons à nous connaître, des liens se tissent, nos échanges prennent du sens.

Des réalisations concrètes s'ensuivent : Sur les cinquante hectares d'un champ collectif, l'ADO en a irrigué la moitié grâce au forage d'un puits, permettant des cultures de contre-saison telles que le maïs, le *nyebbee*** ou *haricot*, le gombo. Sur ces espaces, sont plantés également des arbres fruitiers : citronniers, bananiers, orangers. Par ailleurs, un centre social voit le jour avec des ateliers de couture, de teinture, d'artisanat et d'alphabétisation, en peul et en français. Ensuite, est construite une banque de céréales - un grenier aux méthodes de gestion trop moderne pour les habitants - pour pallier les difficultés précédant la saison des pluies en juin et anticiper les risques de famine avant les récoltes de septembre. Ainsi, les paysans, entre deux cycles, n'ont pas à consommer leur propre semence et ne sont pas obligés d'acheter très cher du mil à des commerçants peu scrupuleux. La banque de céréales vend à prix coûtant aux plus démunis de quoi se nourrir pour faire face en cette période dite de « soudure ».

L'ancienne école primaire est rénovée, un autre groupe scolaire et un collège sont bâtis et équipés. Nos partenaires occidentaux participent à la formation du personnel médical, pourvoient en médicaments et en matériels de soins le dispensaire, vestige de l'époque coloniale, et l'hôpital régional, construit et équipé par la Coopération belge dans les années 70. Pour répondre aux besoins en eau, nous installons les premières bornes-fontaines un peu partout dans le village. C'est l'une des premières réalisations économiques solidaires de la région.

Depuis 1985, mon rôle dans l'ADO consiste à formaliser les démarches administratives, mais aussi à rechercher des appuis auprès des organisations non gouvernementales (ONG) spécifiques, en fonction des projets.

On m'a nommé vice-président de l'association, en charge des questions scolaires et sanitaires.

En réalité, je suis le secrétaire chargé de monter les dossiers et d'enregistrer les ordres des Anciens, pour la plupart illettrés. Il m'arrive d'émettre des critiques ou des suggestions, mais face à nos partenaires extérieurs, je dois rester solidaire de mon groupe.

Ce que je voudrais, c'est sortir le concept de « développement » de sa dimension purement économique et financière. L'objectif déclaré de l'ADO, c'est de faire du « développement intégré » selon la formule consacrée de l'époque. Mais je constate dans les faits que cela n'entraîne pas la motivation et la participation du village. Seuls quelques-uns s'impliquent, c'est la raison pour laquelle, faute de bras et d'outils adéquats, seule la moitié du champ collectif est utilisée.

En réalité l'ADO fonctionne sur le modèle de la coopération française : on envoie de l'argent et du matériel et on pense que les populations s'en sortiront. Or, il ne peut y avoir de développement tant qu'on n'aura pas liés supports humains avec idées justes. Comment sortir du carcan de l'argent et de la financiarisation des projets à outrance ?

Depuis des années qu'on nous « aide », le quotidien des habitants n'a pas changé, il a même empiré. Je constate que cette approche ne fonctionne pas, qu'elle entraîne une dépendance, une attitude d'attente, d'inaction, de laisser-aller. Mais j'ai souvent du mal à me faire entendre par les membres de l'association : jeune et sans expérience, je dois respect aux aînés. Combien de fois ai-je été envahi par la frustration ?

Cependant, je rencontre dans les associations sœurs, des partenaires qui me comprennent, et qui argumentent dans mon sens auprès des dirigeants de l'ADO : les réalisations qu'elles ont appuyées au Mali et au Burkina Faso prouvent qu'une autre conception du développement est possible.

Peu à peu, j'arrive à impliquer de plus en plus de villageois dans les projets portés par l'ADO, à travers diverses réalisations concrètes dont j'ai eu à m'occuper. Notre vision du progrès ne doit pas nous déformer.

On peut donner en exemple le chantier organisé du 22 octobre au 11 décembre 1985, qui regroupe vingt-quatre jeunes de dix-sept à vingt-trois ans (treize garçons et onze filles) encadrés par cinq éducateurs spécialisés. Une partie des jeunes est prise en charge par l'Education Surveillée sous tutelle de la Justice, l'autre par le Service de la Prévention de la Sauvegarde de l'Enfance de la Drôme. Tous ces néophytes ont travaillé pour financer leur voyage. Accueillis pendant sept semaines dans les familles du village, ils ont construit, avec leurs camarades d'Ourossogui, les bâtiments de la banque de céréales et du Centre social avant de rénover les locaux de certaines classes des écoles du village.

Auparavant, à cause des rumeurs qui ont couru sur le passé de ces jeunes blancs, il a fallu obtenir l'adhésion des accueillants, les rassurer car ils craignaient que leurs propres enfants ne deviennent délinquants !

Je leur ai expliqué que nous aussi avions quelque chose à apporter aux blancs et qu'ainsi, au lieu d'être dans une situation d'attente et de réception des dons, du matériel, nous participions, sur un pied d'égalité, à un projet de vie nous concernant. En effet, les villageois étaient surpris d'apprendre qu'il existait des blancs asociaux ou en rupture familiale.
Dans leur représentation de la société occidentale, cela ne pouvait pas exister en France. Au final, ils ont été étonnés et même admiratifs en voyant le groupe manier pelles, bêches, brouettes, et exécuter toutes sortes de travaux manuels sous un soleil de plomb.
Ce chantier, fructueux tant sur le plan humain que social, a donné naissance à des relations qui perdurent encore aujourd'hui.

Un autre exemple est cette initiative qui nous a permis d'obtenir et d'installer des motopompes dans le champ collectif du village. Tout démarre en réponse à un appel à projets au forum d'Agen (Lot-et-Garonne) qui rassemble chaque année les ONG du Nord et du Sud. Notre projet nous donne l'opportunité d'établir une collaboration avec un lycée professionnel de Cahors (Lot). Nous proposons de mettre en pratique les connaissances théoriques des élèves tout en soutenant une action humanitaire. Un concours de la meilleure idée pédagogique est imaginé. Les gagnants pourront ensuite fabriquer la motopompe sous la responsabilité de leurs professeurs et de toute la communauté éducative. Ce travail donne lieu à un véritable échange, mené d'un bout à l'autre avec les enseignants, les élèves, les parents et même la municipalité.
J'ai été désigné pour accompagner les lauréats du concours, deux jeunes Blancs, Olivier et Nicolas. En février 1986, nous partons de Toulouse pour Ourossogui, les parents heureux sont néanmoins inquiets de l'aventure qui débute pour leurs enfants.
Arrivés à Dakar, nous subissons quelques contretemps avec les autorités - confiscation de notre matériel par la douane sénégalaise sous prétexte d'utilisation commerciale et non

sociale - avant de pouvoir continuer notre voyage grâce à l'un des véhicules mis à notre disposition par l'Association Drôme Ourossogui. Les jeunes peuvent se rendre compte de l'étendue du travail réalisé depuis la confection de l'engin jusqu'à son implantation dans le champ collectif. De façon toujours positive, Olivier et Nicolas s'adaptent à tous les imprévus rencontrés au cours de leur séjour. Nous avions bien préparé ce voyage ; je leur avais donné comme consigne de ne pas emporter de montre pour qu'ils prennent conscience de notre conception africaine du temps. Une fois au village, ils vivent en « temps réel » ce proverbe africain : *« Tous les Blancs ont une montre, mais n'ont jamais le temps !».*

Sur place, j'organise une réunion d'information pour présenter notre mission aux villageois ainsi que l'action des jeunes, en m'appuyant sur la section locale de l'ADO. Beaucoup d'entre eux se joignent à nous, dont certains étudiants venus de Dakar. Tous ensemble, chaque matin, avant qu'il ne fasse trop chaud, nous nous rendons au champ collectif à plus d'un kilomètre du village. Nous formons des équipes pour débroussailler les surfaces cultivables, remettre en état la clôture du champ, creuser des rigoles et planter les arbres fruitiers et les légumes sélectionnés.

Le bilan de leur séjour est très positif : la découverte de notre mode de vie, la richesse culturelle et la tradition d'accueil de la société sénégalaise sont un des plus beaux cadeaux que nous leur offrons.

J'ai pu mesurer l'importance de cette coopération à l'échelle locale et les répercussions dans la vie personnelle de chacun des partenaires.

Ce type de réalisation m'a apporté de l'expérience, ainsi qu'une reconnaissance par les anciens et par les interlocuteurs français ; ma voix commence à avoir du poids.

Désormais l'association veut se positionner à égalité avec les Occidentaux : pas question de demander l'aumône aux Blancs, il faut désormais « faire avec nous ». Pour comprendre les vrais besoins des populations, pour construire l'outil adapté au développement agro-pastoral et travailler dans la confiance, il est important de se connaître, de réfléchir et de mener des actions ensemble.

En 1998, je renouvelle l'aventure, cette fois-ci avec un groupe de jeunes Scouts de France installés dans les Yvelines. Pour préparer leur voyage à Ourossogui, les scouts désirent rencontrer des musulmans. Les parents de l'un d'entre eux nous proposent leur maison secondaire située en Bretagne pour permettre à une famille sénégalaise de Mantes-la-Jolie de prendre des vacances et partager des moments conviviaux. Notre séjour dans le petit village de Beuzec (Finistère) n'est pas passé inaperçu : nous formions une mosaïque d'âges, de cultures, de milieux et de religions ! Alors que tout semblait nous séparer, nous étions animés du même désir de découvrir l'autre. La quinzaine de jours passés là-bas a permis de souder l'équipe et de finaliser le projet solidaire que nous avons réalisé l'année suivante.

Ma région natale, située dans la vallée du Fleuve Sénégal, est balayée par l'harmattan[2] sept à huit mois sur douze.

Notre mission à Ourossogui consistait à lutter contre la désertification par la plantation de filaos, arbres servant de paravents aux enfants de l'une des écoles du village.

Pendant quatre semaines, les scouts français, épaulés par des jeunes du village dont certains résidant à Dakar, ont creusé de profondes tranchées sous un soleil de plomb. Ils ont aussi monté une bibliothèque, réparé des toilettes, remis en fonctionnement les points d'eau dans les écoles primaires. Tous étaient également fiers de participer, à leur niveau, à l'amélioration des conditions de vie des habitants.

La préparation du voyage en terre bretonne a été pour beaucoup dans la réussite de ce séjour.

---

[2] Harmattan : vent chaud et sec qui souffle dans les pays du Sahel.

De retour en France, je reprends mon bâton de pèlerin. Je mène des actions de sensibilisation en faveur du rapprochement et de la synergie des deux associations de mon village qui poursuivent des buts similaires. Il faut les aider, par le dialogue, à porter les projets des jeunes et des partenaires qui ont la même ambition. Par exemple, à l'Union d'Entraide des Ressortissants d'Ourossogui (UEROF) en France, seuls les hommes sont adhérents. Je propose d'élargir aux familles et aux jeunes de la seconde génération.

L'association a pris un tournant en 2005 : l'évolution de ses statuts a permis l'entrée de jeunes salariés et d'étudiants. Des discussions sur le cas des jeunes filles sont en cours. Par ailleurs, l'UEROF s'intéresse de plus en plus aux difficultés qui peuvent surgir en France : élèves en échec scolaire, salariés confrontés à la perte d'emploi, à la maladie, à la séparation ou à une disparition brutale, et ce qui en résulte.

J'identifie les compétences de chacun pour pouvoir faire appel à toutes les bonnes volontés.

L'idée d'organiser des réunions ou des assemblées générales qui se déroulent dans des villes et des lieux différents, à tour de rôle, permet à mes compatriotes de se retrouver entre eux, il y en a qui se fréquentent sans vraiment se connaître. Le concept a séduit les familles impliquées dans cette dynamique.

De ces dispositions est née une prise de conscience collective qui a abouti, en 2008, à la création d'une instance informelle : un comité de coordination des *jeunes*, dénommé « *Sukaabe*** Ourossogui en France » ou les « Enfants d'Ourossogui en France ». Leurs premières actions : organiser des journées festives annuelles avec de la musique, des défilés de mode, du théâtre, le tout autour d'un repas convivial.

Pour la troisième année consécutive, je ne rencontre que des parents comblés de visionner en famille les disques vidéo digitaux (DVD) des réalisations culturelles de leurs enfants, filles et garçons.

Mais ce n'est pas tout. Ces rencontres sont surtout un prétexte pour libérer la parole de ces jeunes amateurs, sous forme de saynètes ou de sketches pour pointer, en toile de fond, les causes et les conséquences de l'émigration. Dans le rapport des jeunes aux parents et dans leur représentation de l'aide au village, il y a des appréciations différentes et souvent conflictuelles. Les modalités de la participation des premiers aux activités des associations fondées par les seconds font toujours l'objet de grands débats.

La question de la relève, l'évolution des hiérarchies sociales traditionnelles basées sur la féodalité et les castes, l'usage de la langue maternelle et le lien avec la culture d'origine dans un pays soucieux de préserver l'unité nationale... pourraient constituer de véritables sujets de mémoires pour étudiants et chercheurs. Les plus émouvants sont les sketches sur les problématiques du couple et de la famille : les mariages arrangés, les mariages forcés, le choix du conjoint pour ceux qui n'adhèrent pas à ces unions, les mariages mixtes, et quelquefois les ruptures familiales qui s'ensuivent.

Le phénomène récent des « vieilles meufs » et des « vieux mecs », trentenaires restés célibataires faute d'avoir trouvé un partenaire accepté par la famille, le décalage des mentalités avec les « bled men » (migrants n'ayant pas encore intégré les codes de la société française), l'espacement des naissances et l'utilisation de moyens contraceptifs constituent des préoccupations majeures pour certains.

Les adolescents souhaitent également connaître le sentiment des parents sur des thématiques sociales et religieuses plus épineuses comme les éclairages du Coran, sur les interdits alimentaires, la bioéthique et les dons d'organes, la transmission de la religion.

D'autres thèmes comme l'âge de la majorité et sa signification, l'engagement citoyen, le poids du racisme et des discriminations dont ils sont souvent victimes, rappellent l'urgence de leur prise en compte dans la vie quotidienne.

L'orientation systématique de certains jeunes vers des filières peu valorisées et l'obligation de la présentation de curriculum vitae anonyme sur le marché du travail sont mal vécues par les intéressés.

De jeunes français refusent la polygamie que vivent leurs parents, mais dans le même temps, ils ne comprennent pas qu'elle puisse les mettre en situation irrégulière. La décohabitation de fait ou « la répudiation sur le papier » est bien souvent au rendez-vous.

La souffrance et la frustration de certains d'entre eux face aux conséquences des lois françaises sur l'immigration sont visibles.

Autant ils sont opposés à la polygamie, autant ils ne peuvent concevoir que la justice de leur pays - la France - rende clandestins leurs parents qui y vivent depuis plus d'une trentaine d'années.

La mise en scène de leur propre vie par les jeunes montre une prise de conscience d'un mal-être plus ou moins profond, d'un malaise social.

Est-ce pour autant un moyen d'éducation morale, une thérapie par l'art ? Sans doute, partiellement. Quand on sait que la moitié des parents sont venus voir ces représentations, on peut espérer qu'elles facilitent le dialogue familial.

En fait, à travers ces journées culturelles, les parents ont découvert l'ampleur du malaise de certains de leurs enfants : ce sont les impacts de la vie commune dans une société française multiculturelle et multiconfessionnelle qui sont pointés du doigt.

Les difficultés d'adaptation à l'environnement socioculturel ne concernent pas seulement les jeunes de la deuxième génération.

Par exemple, parmi les primo-migrants, il y a un phénomène nouveau : le nombre de séparations ou de divorces à l'initiative de la femme, impensable il y a seulement quelques années, a sensiblement augmenté du fait des possibilités que leur donne le droit français.

Et puis, avec le vieillissement, la maladie et les situations de handicap ou de dépendance qui peuvent en découler, les tentatives de retour des anciens au pays sont compromises.

Un autre facteur qui freine le retour au pays est le décalage avec la réalité du Sénégal, en nette évolution depuis trente ans, alors que les immigrés ont conservé malgré tout, le souvenir de leur jeunesse. Ces processus bien connus ne sont pas nouveaux pour les socioethnologues.

À l'échelle européenne, d'autres ressortissants d'Ourossogui vivent les mêmes problématiques. Je prends des contacts, en Belgique à Bruxelles et à Anvers, en Allemagne à Mannheim, en Italie à Vicenza. Il s'agit dans un premier temps d'harmoniser et d'accorder les droits et les devoirs à tous les compatriotes installés en Occident, en les faisant adhérer à l'UEROF. Cette interdépendance active permettra à certains dotés de faibles moyens de bénéficier de notre expérience, aussi bien sur le plan de l'assistance aux familles qu'au niveau des projets de développement. Ce faisant, ces compatriotes s'accrochent à notre wagon solidaire, tout en se conformant aux réalités locales des pays dans lesquels ils vivent.

Pour plus d'efficacité, je travaille encore, avec d'autres amis, sur l'idée de fusionner l'UEROF et l'ADO avec le double avantage de canaliser les énergies et d'optimiser les compétences indéniables des *Sooginaabe*** (*originaires d'Ourossogui*). Le but des deux associations est d'apporter appui, aide et conseils aux migrants pour vivre au mieux leur déracinement et soutenir la commune dans ses nouveaux projets de développement. Le travail de chaque association mis bout à bout constitue une belle chaîne de solidarité active.

Aujourd'hui, le bénévolat est remis en cause, il faudrait à la fois être technicien, juriste, financier, gestionnaire. D'où l'intérêt de réunir les responsabilités dans une seule et même entité. « *Ndennden buri ceeren*** » ou *l'union fait la force* : tel est le sentiment partagé par les populations d'Ourossogui.

Cette démarche pourrait intéresser et motiver plus facilement les jeunes qui verront ainsi du sens et de la cohérence dans l'action des parents.

Au village, tant au sein des foyers qu'au sein des couches sociales, des inégalités manifestes se sont creusées. La pauvreté et même parfois la misère sont visibles dans certaines grandes familles autrefois aisées.

Il faut savoir qu'en France, les parents, soutiens de famille pour les leurs restés au pays, doivent de ce fait, procéder à des choix difficiles.

Je tente, entre autres, d'analyser ces dualités, de proposer des pistes de réflexion réalistes, sinon à quoi cela aura-t-il servi d'avoir été à « l'école des Blancs » ?

Il nous faut donc être inventifs dans le but d'affronter les grands chantiers communs que sont la question de l'eau, l'autosuffisance alimentaire, l'accès des plus démunis aux soins. La scolarité, l'éducation des jeunes, l'intégration des nouveaux migrants, l'appel à la relève, la place des femmes, ici et là-bas constituent de vrais défis à relever.

Les projets de développement des associations du village - et bien d'autres encore- n'auraient jamais abouti sans l'implication personnelle de chacun des membres fondateurs de l'ADO : je profite de ma modeste plume pour leur rendre un vibrant hommage. Leurs idées ont fait école dans la région. A nous d'entretenir la flamme de l'espoir allumée par celles et ceux qui nous ont quittés.

Une petite feuille qui regarde vers le bas pour ne pas oublier ses racines.
Comme le dit la chanson populaire peule : « Voyez les feuilles de l'arbre ici, eh bien ! Ses branches sont ailleurs… »

Deuxième branche

Le travail avec Baaba

Baaba** ou *Mapab*a * homme de taille moyenne, de teint plutôt clair, le visage fin, le nez pointu… D'une santé vigoureuse et d'un tempérament énergique, ses nombreux voyages dans les pays limitrophes lui permettent de parler une dizaine de dialectes. Il a aussi appris le français aux cours du soir, chez les prêtres dans l'unique église située à Matam. Ce petit édifice religieux a été construit du temps de la présence coloniale. La grande ouverture d'esprit de Baaba, quand il s'agit d'acquérir d'autres savoirs, son attitude anticonformiste vis-à-vis des conduites traditionnelles et son physique atypique, le distinguent de ses pairs.
Je grandis à côté de mon père dans un milieu grouillant d'agitation, signe de vie. Les animaux domestiques vivent proches de nous dans leurs enclos respectifs : les chèvres et leurs chevreaux, la volaille, les chevaux, les ânes, les veaux, les brebis et les moutons. Autant de cris, de galopades que de braiements et de caquètements, auxquels s'ajoutent les coups répétés des bijoutiers et des forgerons, les gestes rythmés des pileuses de mil.
Quant aux petits enfants, les seuls jouets avec lesquels ils s'amusent sont des objets en métal ou en bois récupérés, de fabrication artisanale. Les *griots* ou *awlube***, accompagnés de leur *guitare traditionnelle* ou *Hoddu*** viennent agrémenter ce décor par leurs chants. À ce tohu-bohu s'ajoutent les allées et venues des clientes qui passent commander ou acheter les bijoux fabriqués par mon père. D'autres se font faire des tresses traditionnelles par mes tantes.
Je garde le souvenir de ces journées heureuses avec cette abondance de nourriture, cette chaleur des rencontres, ces intenses moments de recueillement et de prière. Et depuis des

siècles, de Saint-Louis à Bakel en passant par Kayes, sur toute la vallée du fleuve Sénégal, cette joie de vivre est une caractéristique des maisonnées des gens des castes *nyaxamala* *, *nyeenyeo* **.

La nuit, pendant la saison sèche, nous disposons de plus de loisirs et de temps de détente que lors de l'hivernage où nous devons être aux travaux champêtres dès l'aube.

L'appel du muezzin, les chants des coqs et les hennissements des chevaux font partie des premiers signaux matinaux, bien vite suivis de la symphonie des autres animaux domestiques.

Baaba est parmi les premiers debout pour appeler les fidèles à la première prière matinale, et inviter chacun à préparer ce rituel.

À la pointe du jour, à chaque coin du village, la même scène rappelle le caractère rural d'Ourossogui : après avoir pris soin de regrouper les différents animaux, les bergers passent dans les concessions pour emmener, qui les brebis, qui les chèvres, qui les vaches, dans leurs pâturages. Une épaisse poussière blanche s'élève alors dans le sillage de chaque troupeau, traversée par les rayons du soleil rougeoyant comme un arc-en-ciel matinal.

L'image est magnifique.

L'expérience de ces bergers est étonnante, ils domptent parfaitement chaque animal, qu'ils connaissent tant au niveau anatomique que psychologique. Disposant d'un sens inné de l'orientation et d'une maîtrise parfaite de leur environnement, ils ne s'égarent jamais dans la forêt touffue ; aussi savent-ils repérer, depuis un coin perdu de la brousse, un marigot ou un pâturage. Ils ont une connaissance précise du nombre de têtes de bétail qui leur sont confiées.

Dans la tradition peule, ne dit-on pas qu'un bon berger n'a pas besoin de marquer son animal au fer rouge pour l'identifier ?

Les pâtres sont aussi d'excellents vétérinaires. Malgré l'importance du nombre de têtes de troupeau, ils savent conseiller les périodes propices à la fécondation des femelles, le choix de la meilleure bête destinée à la reproduction, à la traite

ou à la course. Suivant leur avis, certains sont également réservés comme animaux de compagnie.
Baaba excelle aussi bien en bijouterie qu'au dressage des chevaux. Comme les bergers, il reçoit parfois un jeune animal en contrepartie des services rendus ou encore en guise de remerciement pour avoir organisé et réussi une cérémonie familiale (baptême, circoncision, mariage, fête des récoltes).
Baaba, le *tagee* *, l'*artisan* spécialiste de la chimie et de la dynamique des métaux, a également hérité de son père la maîtrise des techniques de dressage des chevaux. Il est d'ailleurs éducateur plutôt que dompteur. Il a une telle passion pour les animaux, qu'il ne ménage aucun effort pour les comprendre et les considérer comme des êtres à part entière. Entrer en relation avec l'autre pour l'amener à devenir partenaire, tout en sachant lâcher prise si le lien ne peut s'établir.
Accepter le renoncement, sans pour autant en vouloir au compagnon qui n'est pas prêt ou ne le sera peut-être jamais.
Pour renouer plus facilement et lui donner la possibilité d'obéir à son maître, Baaba a su prendre le temps, cultiver la patience avec le cheval. Et, plus globalement, dans son rapport aux animaux, bien loin de la domination à tout prix, c'est l'expression totale de la liberté qui était fascinante.
Sa première relation avec le poulain consiste en une écoute de la respiration et du hennissement, en une observation de la démarche, énergique ou indolente. Dans l'enclos, il repère tout de suite à quel endroit et sur quel côté l'animal se couche. Ensuite, il observe si son réveil est brutal ou progressif avant de vérifier le comportement de la bête pour entrer ou sortir de l'enclos. Enfin, les réactions du cheval aux bruits qui l'environnent peuvent apporter aussi des informations complémentaires aux constatations de Baaba.
Cette surveillance attentive et ce diagnostic se renouvellent plusieurs fois dans la journée, particulièrement lors des premiers jours d'un poulain : cette connivence va bien au-delà du savoir d'un vétérinaire. Il arrive même souvent qu'au plus fort de son inquiétude, tel un père de famille se rendant au chevet de son

enfant souffrant, la consultation se poursuive tout au long de la nuit.

Nous les jeunes, assistons à ce patient travail et en fonction des situations, pouvons prêter main-forte. Le chemin du dressage est situé sur une belle ligne droite de cinq à sept kilomètres, à l'est du village, le long du lieu-dit *lawool liff* **, *le chemin du marigot,* sur la route de Matam. Parmi les nombreux chevaux élevés dans la famille Dianka, deux se sont distingués : *Cewngu*** *le plus fin* et *Purrel* ** *le gris*.

Le premier poulain est le plus populaire de sa génération pour son élégance, sa capacité de séduction et les résultats honorables de ses performances. De tous les chevaux que j'ai eu l'honneur de monter, c'est celui qui a gagné le plus de concours de beauté et de compétitions officielles. Il s'est toujours illustré en remportant les nombreuses courses hippiques ou de fond, organisées tant dans le département de Matam qu'à l'extérieur des frontières, notamment à Kaédi en Mauritanie. Combien de récompenses en nature ai-je reçues grâce à ce pur-sang ? Ici, point de jeux ruineux et risqués, point de paris urbains et autres tiercés quintés. Tous nos rassemblements sont organisés pour l'amour immodéré et le plaisir de la fête autour du cheval.

Et puis, il y a *Purrel*, la bête de course de fond qui impressionne par sa vitalité physique, son énergie débordante et son caractère sauvage. Lorsqu'il est en colère, c'est probablement parce qu'il est resté trop longtemps enfermé dans l'enclos.

Seul Baaba peut alors le calmer par un entraînement dont la vitesse dépasse souvent les quarante kilomètres à l'heure sur les pistes ensablées et rocailleuses du village.

D'ailleurs, j'en garde moi-même un souvenir cuisant : j'ai douze ou treize ans, lorsque le cheval m'expulse littéralement de son dos pour m'envoyer au milieu des branches griffues d'un gros acacia. Inconscient, je dois mon salut ce jour-là à des bergers qui m'ont sorti de l'arbre et à mon instituteur, qui me transporta sur sa mobylette à l'hôpital.

Selon les besoins, Baaba décide du choix des chevaux les plus à même de remplir leur mission. Ils sont sélectionnés en fonction de leur qualité physique, celle qui servira au port de fardeaux, au transport des hommes, au travail des champs et aux démonstrations équestres. Au même titre que les chiens, on apprécie les chevaux pour leur capacité à prévenir du danger, notamment lorsque les chacals s'approchent des maisonnées.

Ils deviennent également des bêtes d'apparat pour accueillir les hôtes de marque lors des fêtes religieuses, militaires ou civiles. Et lors des noces nuptiales, certains servent souvent de moyen de locomotion pour accompagner la mariée à son domicile conjugal. À l'approche des fêtes de *Tabaski*** ou l'*Aïd*, nous livrons, à dos de cheval, les colliers, boucles d'oreilles, pendentifs, chevalières fabriqués par mon père.

Je me souviens encore de ces départs matinaux sur mon cheval, enjambant branches, troncs d'arbres et rigoles d'eau des *champs de décrue* ou *walo***. La nuit est très noire, mais j'ai toute confiance en mon animal qui me guide et pressent les dangers que représentent les lions, les vipères et les boas. C'est à moi alors, le cas échéant, de changer de chemin, de différer mon retour ou d'emporter une arme blanche pour nous protéger.

Baaba est orfèvre et à ce titre, il travaille les métaux précieux. Sa position ethnosociologique de fils d'*artisan* ou *nyeenyo*** dans notre village est intimement liée à un rôle social bien précis. Il lui faut régulièrement donner des conseils et accompagner les familles qui souhaitent unir leurs enfants, organiser des baptêmes ou se charger des funérailles, quelle que soit l'heure du décès. Au rythme des saisons, son travail dépend des fêtes, aussi bien religieuses que laïques. Il filigrane les parures en or de la fiancée, de l'épouse qui prépare le retour de son mari émigré depuis des années. Et entre deux bijoux, il confectionne le couteau rituel donné au jeune circoncis, lequel lui servira toute sa vie pour accomplir de multiples tâches. Au service des chefs de famille, et des paysans en général, il fabrique coupe-coupe, faux, faucilles, haches ou cognées, bêches et autres outils agraires en fer.

Quant aux femmes de la famille, leurs rôles sont bien définis : certaines teignent les tissus, tressent les cheveux et procèdent au tatouage des gencives, signe suprême de beauté de la femme noire. Elles sont toujours consultées pour donner leur avis sur les projets d'union. Par exemple, c'est avec leur accord que les hommes choisissent la période opportune, celle qui correspond à la fécondité de la future mariée ; le jour du mariage, elles préparent la jeune épousée, l'accompagnent au domicile conjugal, puis restent avec elle pendant toute la période de la noce. La durée des festivités marquant la célébration varie de trois jours à une semaine, voire plus, selon l'accord des familles.

Baaba aime beaucoup nous raconter l'histoire des *Soninké* dont nous sommes issus, et nous expliquer leur organisation sociale et politique.
Mais alors qui sont les Soninké, ou Sarakollé ou Marka ?
La légende dit qu'ils sont originaires du Wagadou, un vaste royaume fondé au IIIe siècle avant Jésus-Christ et qui englobait une partie des territoires actuels du Sénégal, de la Mauritanie et du Mali. L'empire était connu pour le commerce et la richesse en métaux précieux, dont l'or.
Plusieurs thèses orales et écrites semblent confirmer cette présentation rapide des Soninké : nos ancêtres seraient des Berbères, d'où l'étymologie du mot *Sera Xulle** ou *homme blanc*. Convertis très tôt à l'islam par les Almoravides, les Sarakollé sont connus pour être de fervents musulmans maîtrisant parfaitement le Coran. Les actes de la vie quotidienne restent néanmoins marqués par un syncrétisme religieux mêlant islam et forces surnaturelles. La pratique de certains cultes magico-religieux et la superstition chez certains individus en sont les signes visibles.
A l'instar de l'ethnie peule, les Soninké sont divisés en trois groupes sociaux correspondant à trois classes sociales principales : les *Hore** (gens libres), les *Nyaxamala** (gens de castes, la classe de Baaba) et les *Komo** (anciens esclaves).

Seuls les *Hore* ou nobles sont autorisés à exercer les fonctions d'imam, d'enseignant du Coran, de chef du village. Ils ont généralement un pouvoir religieux, économique et politique. Les représentants des autres classes sociales peuvent étudier et devenir de grands érudits mais n'ont cependant pas le droit de diriger les prières.

Les *Nyaxamala* pratiquent leur métier de père en fils : les forgerons, les tisserands, les potiers, les boisseliers, les peaussiers, les griots et les musiciens.

Quant aux *Komo*, historiquement, ce sont les descendants d'esclaves faits prisonniers lors de guerres tribales ; ils ne possèdent pas de richesses économiques comme la terre ou le bétail, mais tous sont attachés à un maître qui les entretient en échange de leur force physique.

Aujourd'hui, chez les Soninkés comme chez les Peuls, il y a une tendance à la disparition progressive de ces hiérarchies anachroniques; aussi les *Komo* gardent-ils ce nom comme une identification de leur catégorie sociale mais ne sont plus voués à des activités de servage. Cependant, malgré l'aspiration de la société actuelle de parvenir à sortir du féodalisme, au quotidien, il subsiste encore ici et là des formes de discrimination : dans les milieux ruraux, les mariages ne se font qu'entre personnes du même groupe social, et les secrets de certains métiers traditionnels restent jalousement gardés par certaines familles féodales et conservatrices.

Une autre absurdité est cette coutume qui n'autorise pas la direction des prières et certains rites religieux par des gens de caste, et encore moins des descendants d'esclaves ! Dans tous les cas, et pour ne pas être pris au dépourvu, nous devons nous préparer car l'égalité complète, celle qui prend en compte les compétences dans la sphère religieuse comme dans les autres domaines sociaux, viendra un jour !

C'est important de connaître notre histoire et de savoir comment la famille Dianka s'est retrouvée à Ourossogui comme une pièce incontournable de l'organisation sociale locale, forgerons et Soninké parmi les Peuls du village. Et

Baaba de se livrer à une véritable critique du système hiérarchique très patrilinéaire des Soninké et des Peuls : la complexité des enjeux, la répartition des pouvoirs traditionnels avec le principe de séniorité, les histoires d'alliances et de mésalliances.

J'ai interrogé à plusieurs reprises mon père sur le rapport de la famille de Mmaa aux livres saints du Coran et à l'environnement naturel. En effet, bien qu'appartenant à la caste des sculpteurs sur bois, ils sont aussi devenus des spécialistes des sources de l'Islam et de la Charia. Est-ce vrai que le *Sakke**, ou *boisselier,* a un pouvoir surnaturel sur le bois, les arbres et les génies des forêts ? A tout prix, parce que la vie n'est pas éternelle, je cherche tous les moyens de retrouver, puis de transcrire les secrets botaniques et les techniques paysannes ancestrales transmises oralement par Baaba pour en perpétuer la mémoire. En les croisant avec mes savoirs livresques, acquis auprès de mes autres maîtres, j'entends m'entourer de toutes les précautions nécessaires pour planter mon petit baobab le jour propice.

Cette représentation d'une jeunesse studieuse et assoiffée de savoirs m'habite. Cependant il ne faut pas être naïf : malgré la nostalgie, je sais que beaucoup de mutations sont inéluctables.

Celui qui était capable de murmurer dans les oreilles des animaux, de magnifier le métal extrait des entrailles de la terre et d'envoyer ses enfants fréquenter l'école française s'en est allé, laissant un bel héritage à sa grande famille.

Quant à Mmaa, elle nous a toujours aidé, accompagné et soigné nos maux quotidiens. C'est l'occasion pour moi de saluer nos mères, sœurs et tantes, qui, chaque jour, vaille que vaille, protègent et sécurisent leurs enfants en leur apportant ce désir instinctif qu'est l'amour maternel.

Mais depuis son veuvage, il lui a bien fallu trouver les moyens d'élever ses garçons. C'est ainsi qu'en plus elle s'est rapidement reconvertie dans la confection et la vente de boubous en *cotonnade,* le *bazin* **, qu'elle teinte avec un procédé spécial : nouage, couture ou empâtement, selon les modèles. Pour les rendre plus attrayants encore, les vêtements sont ensuite trempés dans un liquide bouillant composé d'indigo, de gomme arabique et de bougie, ce qui leur donne une texture et un style bien appréciés des Sahéliens.

Dans toutes les cérémonies, ces *costumes traditionnels* ou *Cuub*** ajoutent la dernière touche à l'élégance naturelle de la femme noire.

Pour les frères de Baaba, le travail des bijoux s'est modernisé à la faveur de l'électrification du village. Mes oncles doivent résister à la concurrence des bijoux et autres gadgets prisés « Made in China ». Et la présence chinoise dans les pays sahéliens, visible dans les domaines économique, commercial, scolaire, sanitaire et des infrastructures, semble être appréciée par les populations…

Comme tous les jeunes de mon village, c'est de Baaba et de Mmaa que j'ai reçu le goût de la transmission, les apprentissages traditionnels et l'éducation morale.

Ainsi, j'ai appris dès mon plus jeune âge l'importance du rôle social de chacun et la responsabilité de tous pour la cohésion des habitants d'Ourossogui.

La branche de Baaba, le tronc, est le centre de l'arbre sur lequel viennent s'accrocher les autres. Sa robustesse et sa vigueur le soutiennent.

Première feuille

Et comment mon travail de médiateur puis de cadre éducatif dans un établissement catholique ont en commun le dialogue interculturel...

Je l'ai appris naturellement : forger les métaux comme le faisait mon père, m'occuper des chevaux, labourer la terre, jouer du *tam-tam* ou *djembee* ***. Mais j'ai eu aussi la chance, contrairement à d'autres enfants de mon âge, d'acquérir d'autres types de connaissances.
C'est à Baaba que je dois de ne pas avoir hésité à suivre un autre chemin que le sien. Itinéraire dès lors surprenant que le mien ! Il faut dire qu'après mes premières années de scolarité dans mon pays, puis mes études supérieures en France, Yaya le Sénégalais musulman, est devenu médiateur à la mairie de Mantes-la-Jolie (Yvelines) et conseiller principal d'éducation dans un établissement d'enseignement catholique à Versailles. Deux communes, deux histoires différentes. De la Vallée du Fleuve de mon Sénégal natal jusqu'aux rives de la Seine, d'aucuns parleraient d' « appel »...
Pendant plus de vingt ans, parallèlement à mon activité professionnelle, je me suis fortement investi dans la vie associative, de façon bénévole comme la plupart de mes compatriotes. Avec quelques-uns d'entre eux, je suis à l'origine de la création de la section locale de l'Association pour le Développement d'Ourossogui (ADO) à Mantes-la-Jolie où vivait une demi-douzaine de familles originaires d'Ourossogui.
Les communautés d'origines étrangères du Mantois ont mis en place un important tissu associatif. Elles organisent régulièrement des manifestations socioculturelles et humanitaires qui m'ont incité à être moi-même actif, car elles me rappellent mon enfance au village. C'est lors des rencontres mensuelles dans les locaux du service de Développement Social

Urbain (DSU) de la ville de Mantes-la-Jolie, « La Pagode », que je dialoguais avec des personnes-ressources, qui sont responsables d'associations culturelles, sportives, confessionnelles. Elles ont toutes comme idée commune d'apporter leur contribution au développement du Mantois. Il s'agit principalement de trouver les moyens d'activer une paix sociale (équilibre des communautés représentées), d'effacer l'image négative de la cité du Val Fourré (quartier « mal famé » de Mantes parce que peuplé d'immigrés) et d'impliquer les habitants aux décisions les concernant (vie de quartier).

C'est dans ce contexte que certains décideurs me perçoivent comme le passeur de cette minorité silencieuse, mais vivifiante. Et c'est dans la continuité du rôle joué dans la construction de ponts nécessaires au vivre ensemble, au respect mutuel et à la paix sociale que je suis alors embauché en qualité de médiateur social et familial de quartier.

Mon discours n'est pas intellectuel, mais je m'efforce toujours de le doter d'une connotation sociologique et d'une dimension humaine marquées. Souvent, l'effort pédagogique que je demande interpelle ceux qui m'écoutent. Je mets en valeur les idées soulevées, les reformule pour les rendre accessibles à tous, des analphabètes aux timides en passant par les décideurs, qui souvent ne prennent pas la mesure des réalités et des paradoxes de l'habitat urbain. Là aussi, il est question de comprendre et de se faire comprendre. A mon sens, les blocages politiques et les dysfonctionnements administratifs sont les plus délicats à démêler.

En réalité, je me suis toujours défini comme un catalyseur soucieux de transformer les belles paroles et les belles promesses en solides réalisations. Beaucoup de projets ou de comités de pilotage ne débouchent sur rien de concret.

Presque toutes les associations, du fait des subventions qu'elles reçoivent de la municipalité, sont obligées de composer avec les orientations de celle-ci, même lorsqu'elles ne correspondent pas à leurs objectifs premiers. Dans cette situation difficile, je puise mon énergie dans les valeurs d'humanisme qui dorment en chaque être humain. Avec pragmatisme, j'essaie toujours de montrer le fossé qui peut exister entre les discours et les faits, de façon à mettre chacun devant ses contradictions et ses responsabilités, parfois avec humour, à la manière de Mmaa. Les « réunionites » et les interminables palabres inefficaces m'agacent. En revanche, quelle satisfaction lorsque je réussis à faire évoluer une situation, un dossier, une demande !

Ma nouvelle expérience acquise à Mantes-la-Jolie avec cette dynamique du mieux vivre ensemble intéresse un établissement d'enseignement catholique : le collège Saint-Exupéry de Versailles. Créée en 1953 par quatre amis, l'école est connue dans le milieu de la capitale de Louis XIV pour son « accueil de l'autre ». C'est par cette phrase restée gravée dans ma mémoire comme dans le marbre qu'Éric Belloir, Directeur de l'établissement, m'intègre au personnel : *« Tu es musulman, tu es mon ami, sois le bienvenu à Saint-Ex, dans notre communauté ».* C'était en novembre 1989. Accueilli en tant qu'éducateur dans l'institution, ma religion n'étant en rien un obstacle, bien au contraire, je gagne peu à peu en compétence et en confiance au sein de la grande famille Saint-Exupéry pour devenir cadre éducatif.

Ma soif de savoir reste vive au même titre que le besoin de poser des points de repère, d'éduquer, de transmettre à *« ces petites oreilles rouges »*[3]. J'ai toujours en mémoire ce proverbe peul : *« Lorsque la parole est muette, l'ouïe doit être fine ».* Pour me faire comprendre de mes interlocuteurs, je cherche toujours à parler vrai et simple, en puisant dans le meilleur de chacun de mes quatre dialectes. J'utilise un langage qui leur est familier, même si parfois les idées tirées d'une langue africaine, sont filtrées en français et adaptées à la culture de chacun. Il faut que celui qui m'écoute y trouve de l'intérêt, ne se sente pas jugé, mais plutôt valorisé.

Lorsque j'affirme à mes élèves que la différence est une richesse, je leur dis ce qu'eux aussi m'ont apporté ; et là, tout de

---

[3] Expression utilisée au Sénégal pour désigner les jeunes Blancs.

suite, je vois dans leurs yeux de la surprise proche de l'incrédulité. Des jeunes en échec scolaire ou confrontés à des épreuves au sein de leur famille trouvent dans mon histoire des similitudes avec la leur. Je leur raconte que j'ai été accueilli à « Saint-Ex » comme eux, sans être jugé. Mes propos sont illustrés par cet exemple : Dans le cadre de la Pastorale, l'établissement a invité Abdoul Aziz, musulman originaire de ma région, à témoigner auprès des élèves. Il explique alors tout le cheminement et les raisons de sa conversion au catholicisme : il s'appelle désormais Jean.

Ce signe d'ouverture aux autres est la suite logique, dans l'esprit de l'Evangile, de la tradition d'accueil de la communauté éducative de Saint-Exupéry.

Le sens des études, le rapport aux évènements relatifs à la vie, à la mort, à la foi, la recherche du bien-être psychosocial... sont des éléments existentiels que chaque être humain est capable d'intégrer. Après nos échanges, je perçois un changement d'attitude : un adulte porte sur eux un œil confiant, et ma main tendue est à la même hauteur que la leur. Je donne des exemples concrets sur ma scolarité pour qu'ils prennent la mesure de la chance inouïe qui est la leur : on peut apprendre avec peu de moyens. Les conditions favorables dans lesquelles ils étudient n'ont rien de comparable avec celles des écoliers africains.

Le système éducatif sénégalais, fortement inspiré de l'institution scolaire française, est en construction. Je leur détaille un aspect du quotidien de ma scolarité : nous étions plus de cinquante élèves en cours préparatoire (CP), ma classe était constituée d'un abri provisoire fait de branches et de paille ; aussi parfois, accablés par la chaleur, nous passions les cours dehors, assis sur des bancs confectionnés par les parents boisseliers du village. La majeure partie des élèves était des garçons, il y avait quelques rares filles de nobles ou celles dont les parents avaient côtoyé les Blancs. La quasi-totalité des membres de ma promotion a réussi sa vie en effectuant une scolarité correcte.

Écouter, dialoguer et témoigner : avant de passer à l'acte, j'ai toujours procédé de la même façon, quelles que soient mes responsabilités. A un moment donné de la vie, seules la foi et la motivation vous accompagnent et vous rendent plus forts dans vos convictions.

__Toutes différentes, les feuilles suivent cependant une direction, celle du vent de la concorde.__

Deuxième feuille

Et comment je propose la création de la Maison de l'Artisanat...

L'idée de créer une structure pouvant valoriser les immigrés dans leur identité sociale première m'apparaît comme une évidence. Ici, Joseph le tisserand, Cheikh le bijoutier, Jean le potier, Khady la brodeuse pratiquent leur métier initial de manière souterraine, alors qu'ils sont officiellement Ouvriers Spécialisés (OS) chez Renault ou Peugeot, manutentionnaires, agents de sécurité, techniciens de surface ou éboueurs. D'autres sont chômeurs ou encore retraités.
Comment faire émerger à nouveau ce savoir-faire unique et l'adapter aux besoins du marché français ? Il y a beaucoup de leviers à soulever, de rouages à huiler pour simplement amorcer une écoute attentive...
Dans l'administration, j'entends souvent dire que du fait de leur culture certains immigrants sont vecteurs de difficultés qui ne leur permettent pas de franchir le pas. C'est ignorer qu'ils vivent au quotidien un parcours semé de chausse-trappes de toutes sortes. Les élus et les techniciens chargés de mettre en place les projets sociaux parlent une langue que les personnes d'origine étrangère ne comprennent pas. Nos institutions sont trop procédurières, trop protocolaires.
Mes détracteurs rétorquent que mon projet n'est ni économiquement rentable ni politiquement porteur. Je récuse cette affirmation car je suis persuadé qu'il répond à un besoin réel. Et puis, comme l'a dit Jules Claretie « *Ici tout homme qui dirige, qui fait quelque chose, a contre lui ceux qui voudraient faire la même chose, ceux qui font précisément le contraire et surtout la grande armée des gens d'autant plus sévères qu'ils ne font rien du tout.* »
Pour trouver des arguments supplémentaires, je procède en trois étapes.

Dans un premier temps, je rencontre, en mes qualités de fils d'artisan bijoutier et de médiateur, une cinquantaine d'artisans. Je les invite à exposer leurs objets de collection dans le cadre des évènements organisés par la commune comme la fête des voisins et celle des associations, la semaine bleue et les week-ends sportifs et culturels. Ces manifestations couvertes par la presse locale les sortent de leur anonymat. Elles leur permettent d'aller vers les habitants qui, en découvrant agréablement leurs créations, les regardent autrement.

Dans un deuxième temps, je leur demande de réaliser des séances de démonstration de leurs talents à l'occasion de la fête du pain qui réunit chaque année, écoliers, meuniers et artisans boulangers. Avec mes amis chrétiens, je les invite également à prendre part aux cérémonies organisées par les responsables religieux du Mantois pour clôturer les rencontres inter-familles.

Dans un troisième temps, dans le cadre de la semaine bleue réservée aux seniors et aux personnes âgées, ils participent aux activités d'animation dans les maisons de retraite. A cette occasion, ils commencent à vendre les objets réalisés. Ensuite, je les introduis dans le milieu scolaire local. Dans le cadre du projet « école ouverte », ils participent pendant deux semaines aux travaux d'été avec des élèves du collège de Gassicourt où sont scolarisés leurs enfants, ce signe de reconnaissance des enseignants est valorisant pour tout le monde.

Pour la première fois, ils ont pu accéder à la foire-exposition de l'Ile Aumône, où ils produisent des objets artisanaux qu'ils exposent au même titre que les chefs d'entreprise.

C'est justement dans ce superbe parc ornithologique- situé sur les bords de la Seine- que quelques-uns des responsables de l'usine Renault de Flins sont venus exposer leurs véhicules ; ainsi découvrent-ils à leur grand étonnement, que certains de leurs ouvriers, qu'ils connaissent depuis des années, sont d'authentiques artisans. A l'issue de la cérémonie officielle, les chefs et autres « cols blancs » sont revenus suivre un stage en poterie, maroquinerie ou bijouterie dans le stand de la Maison de l'artisanat. Les rôles sont inversés : ceux qui étaient considérés comme de simples « O S » font l'admiration de leurs patrons. Ces derniers sont à la fois stupéfaits et heureux de leur acheter des pièces uniques qu'ils pourront offrir en cadeau de Noël à leur famille ! Parfois, il suffit de peu de choses pour modifier un regard ou le cours d'une relation. On est dans l'image de soi, c'est-à-dire l'idée que chacun de nous se fait de son identité physique, psychologique et sociale au cours de sa vie.

Petit à petit, les artisans prennent conscience de leur capacité à s'insérer dans un processus de formalisation de leur savoir-faire et à s'intégrer dans des dynamiques économiques.

Enfin pour donner plus de poids à ma démarche, je m'imprègne d'autres expériences similaires en France ou ailleurs. J'ai visité à Locronan en Bretagne, à Birmingham en Grande-Bretagne, à Rabat au Maroc ou à *Soumbédioune* au Sénégal des réalisations concluantes qui ont permis à des artisans de gagner en dignité et en niveau de vie. Pourquoi, sans forcément le transposer, ce qui est possible ailleurs ne le serait-il pas à Mantes-la-Jolie ? Il suffirait de créer une structure qui inciterait les immigrés à prendre une part active dans cette démarche.

Tous ont le désir de trouver une activité pour gagner légalement leur vie tout en transmettant leur génie créateur.

Je sollicite l'appui et l'adhésion des responsables du centre communal d'action sociale (CCAS) de la mairie de Mantes-la-Jolie à mon idée de base : la nécessité de valoriser des êtres humains et des techniques d'origine ancestrale. Je relate en détail le parcours de vie de chacun : de père en fils, ils sont cordonniers, pêcheurs, boisseliers, forgerons, griots, tisserands. Par leur implication, chacun d'entre eux participe ainsi à la cohésion sociale de son village sans rien attendre et sans rien recevoir en retour. Arrivés en France, ces personnes ne peuvent espérer trouver qu'une activité salariée sans aucun point commun avec leur savoir-faire initial. La transmission de leur métier à leurs enfants se fait alors au noir - c'est le cas de le dire - dans des lieux inadaptés. C'est là aussi qu'ils vendent les objets artisanaux aux membres de leur communauté, arrondissant ainsi leurs fins de mois.

Dès lors qu'on leur suggère de pouvoir émerger leurs compétences, des oreilles se dressent !

Le projet chemine toujours : les artisans, acteurs des manifestations locales, commencent à être séduits par la perspective de montrer leurs talents au grand jour. Ils adhèrent petit à petit à ma proposition de transmettre leurs savoir-faire aux jeunes du quartier, de la ville et pas exclusivement à leur progéniture ! La vocation de la Maison de l'Artisanat serait double : donner à ces artisans la possibilité d'exercer leur métier d'origine, et par un acte fort de citoyenneté, les intégrer à la vie sociale et à la dynamique économique locale, au même titre que l'artisan du « coin ». Être, comme certains Français d'origine, des chefs d'entreprise artisanale et participer de façon responsable au devenir de la cité est un de mes arguments. Se dessinent ainsi, pour la ville de Mantes-la-Jolie, les premiers projets solidaires et écologiques, prémices d'une politique locale de développement durable.

En 2000, l'étude de faisabilité technique et financière est réalisée. Les autorisations politiques et administratives sont obtenues pour la création de la Maison de l'Artisanat du Mantois. Reste la mise en œuvre. Il faut tout d'abord déterminer le nombre d'acteurs et établir la liste de leurs compétences. Mantes-la-Jolie se distingue par une richesse et une diversité culturelle très grandes. J'élargis les contacts à toutes les communautés mantaises : Français de souche, Africains, Turcs, Maghrébins, tous vivent là et se côtoient au quotidien. Je frappe ainsi à toutes les portes du quartier et j'explique ma démarche. Réaliste, je me fixe comme objectif de leur proposer des solutions concrètes et pérennes.

Je suis accueilli parfois avec froideur, souvent avec beaucoup d'interrogations. Sur les trois cent cinquante personnes rencontrées, les trois quarts adhèrent au projet. Parmi elles, une dizaine de « Gaulois ». C'est cette mixité sociale autour de la valeur du travail que je recherche.

Sans surprise pour moi, les femmes sont les plus réceptives à mon idée. Leurs paroles croisées m'ont toujours accompagné dans les projets entamés. Ayant déjà entendu parler de mes actions précédentes, elles adoptent une attitude rassurante et dynamisante auprès de leurs conjoints en saisissant rapidement l'impact de cette opportunité. Acquérir le statut d'artisan commerçant, créer une petite entreprise individuelle indépendante de la Maison de l'Artisanat mais, liée à elle par un fonds de solidarité, leur paraît être une aubaine.

Bien sûr, revitaliser l'économie du quartier et de la ville, développer les liens interculturels et intergénérationnels ne peut qu'apporter aussi à leurs enfants un terreau favorable à leur épanouissement futur.

Le concept d'Insertion prend tout son sens.

En parallèle, sont proposées des formations de base en français et en calcul, d'initiation et d'approfondissement en gestion, toujours en lien avec leurs connaissances, qu'il faut désormais organiser et structurer. Chacun sait combien, malgré les apparences, il est complexe de créer une entreprise, et combien sont multiples les difficultés administratives à surmonter pour acquérir le statut d'artisan. Himalaya encore bien plus périlleux à franchir pour les membres des communautés concernées qui ont pour référence leur société originelle dans laquelle la libre entreprise est réellement accessible. Dans cette perspective, j'invite des amis blancs pour témoigner de leur expérience de chefs d'entreprise et pour mesurer les difficultés inhérentes à cette activité. Croyants pour certains d'entre eux, ils ont souhaité également leur adresser un message d'espérance : malgré leurs handicaps de départ, ils ne doivent pas céder au découragement. La France n'est-elle pas construite sur la base de sa diversité culturelle ?

Le Collectif des Aînés - une association de retraités bénévoles qui agit dans le champ de la médiation - apporte une aide efficace en soutenant le projet. Des obstacles de trois ordres - juridique, fiscal et administratif – éliminent un certain nombre de candidats et en découragent d'autres.

Finalement, la Maison de l'Artisanat du Mantois démarre avec une quarantaine d'artisans. Etablie en juin 2002, dans un local mis à disposition par la mairie, sur la dalle du centre commercial du Val Fourré, cette structure privilégie l'apprentissage des savoirs ancestraux en développant un partenariat novateur avec les acteurs locaux.

Dans un premier temps, trois emplois administratifs émergent. Des stages en poterie, bijouterie, maroquinerie, couture et broderie d'art sont proposés.

Hormis des démonstrations sur place, les artisans se déplacent sur des marchés à thématiques, sur des lieux de festivités interculturelles, dans des musées, des centres de loisirs, des maisons de quartier et aussi des maisons de retraite et autres lieux de vie. Profession oblige, j'initie un partenariat avec un établissement scolaire sous forme de test, dans le cadre de projets pédagogiques. Je suis soutenu dans cette démarche par Philippe Delorme, le « Grand chef », comme on l'appelle encore affectueusement !

Sous son impulsion, le Directeur du Collège-Lycée Saint-Exupéry de Montigny-le-Bretonneux, et premier président de l'association de la Maison de l'Artisanat, signe une convention officielle avec le maire de Mantes-la-Jolie.

Ce partenariat très original est probablement un des plus porteurs au niveau du département des Yvelines. Sous la responsabilité de ses professeurs, l'établissement a supervisé les activités pédagogiques portées par les élèves de première et terminale, sections tertiaires et technologiques (STT). Quatre groupes ont effectué en grandeur réelle leurs travaux pédagogiques auprès de quatre catégories d'artisans : bijoutiers, maroquiniers, potiers et couturiers.

Pour comprendre le processus de fabrication d'un objet du début jusqu'à la fin, muni d'un questionnaire, chaque groupe d'élèves a pu définir avec précision le travail de l'artisan désigné et réaliser avec lui son projet personnel.

La réalisation la plus marquante de cette collaboration a été le grand marché de Noël organisé en décembre 2002 au sein de l'école. Il a offert aux artisans une belle occasion de sortir de leur environnement quotidien, de rencontrer des Français de souche, tout en donnant aux scolaires la possibilité d'entamer un dialogue direct. Et, pour agrémenter la rencontre, chacun a apporté et expliqué aux autres les spécialités culinaires de sa région ou de son pays.

Ces échanges ont été bénéfiques à double titre : les Mantais ont gommé l'image négative qui leur collait à la peau, et les Saint-Quentinois ont gagné l'opportunité de mettre en place localement une solidarité dynamique. C'est le plus beau cadeau de Noël offert aux talentueux hommes et femmes de la Maison de l'Artisanat du Mantois.

La prise en charge, l'organisation et la promotion de ce marché de Noël - dont le lycée peut s'enorgueillir - ont séduit tous les participants à cette belle fête.

Par ailleurs, des étudiants de l'Institut Universitaire de Technologie (IUT) de Mantes-la-Jolie, en partenariat avec l'Université de Versailles Saint-Quentin-en-Yvelines (UVSQ), mettent en pratique leurs connaissances théoriques en marketing, gestion, informatique et, plus largement, en création d'entreprise au service de cette vitrine artisanale.

Les stagiaires effectuent un travail approfondi et testent sur le terrain leurs études, en grandeur réelle, lors d'évènements locaux comme la Semaine Bleue auprès des seniors, les foires-expositions à l'Ile Aumône, les marchés de Noël et de printemps, la traditionnelle foire aux oignons qui fait la renommée de la ville de Mantes depuis des siècles. Je revois encore l'image des forgerons français et africains sur la Place Saint Maclou. La scène se déroule en face de la collégiale Notre-Dame, une très belle église gothique du XIIe siècle. Comme dans une communion, et sous le regard curieux des badauds, des élus et de la presse locale, ils ont fabriqué dabas (houes traditionnelles), herminettes, râteaux forgés, haches, cisailles et autres outils agricoles.

Les semaines de l'artisanat, organisées au centre culturel Georges Brassens, mettent un point d'orgue à ces manifestations tant attendues par les amoureux du travail manuel. Quant aux étudiants de l'Ecole Supérieure des Sciences Economiques et Commerciales, l'ESSEC de Cergy-Pontoise (Val d'Oise), ils travaillent sur le projet et démontrent tout le potentiel de ce lieu unique, original et convivial.

Cependant, malgré une évolution très favorable, aucun artisan ne peut encore voler de ses propres ailes. Des subventions initiales ont été accordées par l'Union Européenne, le Secrétariat d'État à l'Economie Solidaire, la Caisse des Dépôts et Consignations (CDC), l'Établissement Public d'Aménagement de Mantes Seine Aval (EPAMSA), le Fonds de Redynamisation Economique (FRE). De toutes ces aides, seule subsiste celle de la Mairie de Mantes-la-Jolie. La commune a permis d'assurer le fonctionnement de la Maison de l'Artisanat en finançant les salaires de deux employées administratives et trois artisans.

Le relais a été pris en 2003 par la société civile représentée par une association de loi 1901 qui avait, semble-t-il, les moyens d'aller plus loin. Or les contradictions juridiques et fiscales, les casse-tête administratifs et le manque de rigueur des responsables, conduisent à abandonner le projet alors qu'il est en bonne voie (commandes en cours, marchés conclus, etc.).

L'idée initiale, qui était de construire un vaste espace dédié à l'artisanat, et surtout de développer cette pépinière de talents, est en quelque sorte étouffée dans l'œuf. A cela, se sont ajoutées les hésitations de certains artisans qui, découragés, ne souhaitent plus franchir le pas.

Devons-nous baisser les bras, et peu à peu donner à ce lieu le visage d'une belle utopie en oubliant tous ceux qui, nombreux, s'étaient engagés dans cette formidable aventure en laquelle ils ont cru ?

Ce sont pourtant des élus qui ont guidé les premiers pas des créateurs :
« La Maison de l'Artisanat, ce n'est pas du folklore ! » avait martelé le maire de Mantes-la-Jolie le jour de l'inauguration devant un parterre d'officiels et de journalistes de la presse locale. Tous ont couvert d'éloges cette belle initiative.
Cela reste un des plus beaux jours de ma vie.
Malgré les efforts fournis, l'association n'a pas su trouver la formule innovante pour impulser l'énergie nécessaire à son complet épanouissement. Les actions menées par la Maison de l'Artisanat du Mantois (MAM) auraient pu être pérennisées pour que les artisans puissent vivre dignement de leurs productions. Les braises de cette belle école des savoirs universels demeurent incontestablement, attendant un nouveau souffle pour repartir.

Comme un tisserin qui construit son nid sur un palmier, la Maison de l'Artisanat a montré que l'on peut réunir les feuilles de chaque savoir-faire.

Troisième branche

La spiritualité et les Ceerno**

M*ody**, *Ceerno***, *Seriñ****, ces trois notions ont le même sens : maître, marabout ou imam, celui qui instruit, qui guide, ou qui oriente. J'ai reçu l'enseignement du Coran de *Ceerno* Hamath Diallo puis par *Ceerno* Abdoul, son fils.
A sa création, il n'existait que deux *quartiers* à Ourossogui : *Wiinde*** et *Mawngo***. J'ai vu le jour dans le premier et j'y habite.
Tous les jeunes en âge d'aller à l'école coranique se rendent dans la maison de *Ceerno* Hamath Diallo, située à deux pas de la mosquée du village. Pour y être admis, vers six ou sept ans, il faut être capable de compter jusqu'à dix sans se tromper. C'est alors que je suis confié à l'imam. Nous commençons les cours très tôt le matin, généralement entre cinq et six heures, jusqu'au lever du soleil. Nous apprenons la calligraphie des versets sur des tablettes en bois ou *aluval***, *ardoises* confectionnées à base de troncs d'arbres par les bûcherons ou les forgerons. En guise de plumes, nous nous servons de roseaux taillés plus ou moins finement en fonction des caractères que nous devons reproduire.
Le marabout remarque mon habileté à me servir d'un rasoir ou d'un couteau pour effiler la pointe des roseaux et j'en ressens une immense fierté. Nous grattons la suie sur le fond des marmites et y ajoutons de l'eau pour obtenir notre encre noire. Je me souviens de Baaba rappelant à Mmaa de ne pas trop récurer sa marmite, pour maintenir une belle couche de carbone. Je revois le vieil imam appuyé sur sa canne venir régulièrement chez nous faire sa provision avant la vaisselle.
Dans la famille Diallo, la transmission du Saint Coran, comme la plupart des savoir-faire, s'effectue de père en fils. Les apprentissages successifs conduisent le garçon à étudier pour

devenir d'abord marabout et ensuite imam. Mes parents ont été formés dans cette famille, et il en est ainsi depuis des générations.

Il y a deux catégories d'*almudbe*** ou *élèves* : ceux qui viennent deux fois par jour pour simplement apprendre les préceptes de la religion, et ceux que leurs parents ont l'intention de laisser continuer leur scolarité et approfondir leurs connaissances religieuses.

A la fin de leurs études, certains se retrouvent dans les facultés de théologie musulmane. Il en existe beaucoup en Afrique de l'ouest et au Sénégal en particulier. Je fais partie de la première catégorie, car comme tous les parents et notamment à la saison des pluies, Baaba a besoin de mes petits bras pour la culture des champs, les soins aux animaux domestiques, le travail à la bijouterie, sans compter les tâches ménagères pour Mmaa.

Ainsi, à six ou sept ans, j'aide mon père en fonction des besoins, et suis élève à l'école coranique. À la fin de chaque cours, nous rangeons les planchettes le long du mur de la case du marabout. Le matin suivant, nous retournons auprès de *Ceerno* Hamath non sans avoir fait le traditionnel tour de quelques concessions pour demander, aux fidèles qui nous attendent, l'aumône journalière, constituée le plus souvent de denrées alimentaires.

Mon père aussi est mon *Ceerno* : dès mon plus jeune âge, nous avons déjà tous les deux de longues discussions au cours desquelles il me transmet ses connaissances dans de nombreux domaines, en particulier le religieux. Cette manière de faire n'est pas commune chez nous, les hommes étant plutôt distants avec leurs enfants, se bornant à leur donner des directives, comme le veut la tradition. Lui, nous transmet ses connaissances avec sa pédagogie reçue. Il les nourrit, bien sûr, de ce que ses parents lui ont légué mais aussi des échanges qu'il a avec ses clients, des rencontres de hasard. Ce qu'il glane sur les ondes, en écoutant les émissions de la Chaîne Nationale du Sénégal, de la British Broadcasting Corporation (BBC) et de la Voix de l'Amérique, lui ouvre les portes du monde.

Baaba est un mélomane dont la « discographie » riche et diversifiée est en harmonie avec les dialectes qu'il parle. Il écoute pêle-mêle les mélodies des virtuoses ayant marqué l'épopée mandingue (une ethnie majoritaire au Mali, en Guinée et au Sénégal) : Diéli Bazoumana Sissokho et Soundioulou Sissokho. Il apprécie également les airs nostalgiques des poèmes peuls (*gumbala*** de Samba Diop Lélé, *pekaan*** de Guélaye Aly Fall) et wolof (Mada Thiam, Samba Diabaré Samb). Il adore les chansons orientales, parmi lesquelles celles d'Oum Kalthoum. On entend la merveilleuse voix de la diva égyptienne, dès qu'on franchit le seuil de la maison : il y a de la spiritualité dans certaines formes musicales.

Pendant la saison des pluies, après la journée passée aux travaux champêtres, lorsque la forge de la bijouterie est inutilisable à cause de l'humidité, le soleil revenu, Baaba me fait signe de prendre place à l'ombre de notre case pour converser, sous l'oreille attentive de ma mère. C'est aussi l'heure du goûter, à base de *kodde***, *gâteau de millet sucré au miel.*

À vrai dire, Mmaa ne nous prend pas très au sérieux, mais ses interventions et les contradictions qu'elle apporte nous permettent d'alimenter la discussion. Les idées s'affrontent, lorsqu'elle évoque son oncle maternel qui l'a élevée, un grand chanteur de poèmes coraniques à la radio de Nouakchott, en Mauritanie ; autant ma mère en est fière, autant mon père s'en moque. Cette divergence de points de vue, abordée dans un respect mutuel, n'est en fait qu'un prétexte pour échanger en couple librement, sur certains sujets importants.

« *Parlons de Dieu* », commence-t-il toujours par me lancer ! Dans une région qui ne jure que par les actes du Prophète Mohamed, mon père, ce soufi respectueux des traditions, a côtoyé des missionnaires catholiques dans sa vie. Mais comment et auprès de qui en témoigner ? Il est convaincu de l'existence d'autres formes de croyances et d'autres façons de vivre, mais incapable de le démontrer à ses amis.

Pour l'époque, ses réflexions sont pertinentes, provocatrices, courageuses et peu répandues dans les autres concessions du village. Baaba a l'œil ouvert et l'esprit critique. Je retiens de ces causeries, que mon père regrette de ne pas pouvoir, de façon ouverte, partager ses idées avec ses amis et surtout les exposer auprès des notables féodaux. C'est l'inconvénient des sociétés à pensée unique.

Il m'explique, déjà, que ce que les hommes appellent « difficultés » de la vie ne sont que des « richesses », des signes révélateurs des mystères du monde, et de l'existence de Dieu : aucune science, aussi rationnelle soit-elle ne pourra jamais explorer et démystifier l'univers infini, qui est une propriété divine.

Alors, où est la Vérité ? Celle qui éclaire ne se trouvera que par la confrontation des points de vue.

Dans l'application des préceptes religieux, Baaba reste convaincu que les failles sont dues aux limites des hommes. Parce que, jour après jour, l'Homme reste une oeuvre à parfaire. Il ne saurait y avoir de progrès sans efforts de recherche. Il recommande de pratiquer et de transmettre sa croyance avec lucidité. Mon père s'en prend à ceux qui interprètent mal les textes du Coran et les Hadiths qui le complètent. La transcription du livre saint ne doit ni dénaturer ni trahir sa pensée dogmatique. Ceux qui utilisent l'Islam et la Charia à des fins politiques, provoquent autant de malentendus que de haine entre les peuples.

Ces conflits sont aux antipodes de l'Islam d'amour et de réconciliation : Salam. Ce mot arabe, ainsi que Shalom en hébreu, signifie la paix. Parce que cette religion est d'abord synonyme de tolérance et de fraternité entre les humains. Est musulman celui qui, par son intelligence, est capable de créer les conditions d'une coexistence pacifique qui impacte dans ses relations. Au-delà des formules courantes de salutations et de politesse, prier cinq fois par jour, c'est renouveler cinq fois la demande de rendez-vous et du face à face avec Dieu Créateur. Les fidèles prononcent « Salam », le vocable de la paix, pour entamer et conclure les séances de prière qui sont des moments de pardon, de recueillement et de ressourcement.

Des conversations avec mon père, j'ai retenu la notion d'une religion profondément pacifique. C'est aujourd'hui ce même sentiment qui m'anime. Aussi est-ce un choc pour moi de constater que l'Islam est perçu par certains comme un danger.

Parfois, j'entends Baaba dialoguer avec des clients très contents de leurs bijoux : « *Tiens*, lui disent-ils, *merci, prends ce mouton pour fêter la circoncision de tes enfants* ». Et tout fier, il répond : « *Si le Bon Dieu nous prête longue vie, nous nous réjouirons ce jour-là !* ». À entendre ces paroles apaisantes au quotidien, dans le cercle familial, nous sommes presque préparés à ce qui nous attend : la circoncision. Alors qu'il s'agit bien d'un rite symbolique éminemment important, il est aussi relié à nous par le métier de Baaba car c'est lui qui forge les fins couteaux pour la cérémonie. Depuis des générations, ma famille détient le secret de la pratique de cet acte sacré.

Dans la tradition orale, les forgerons sont connus et reconnus pour une autre qualité : ils sont Maîtres de la parole qu'ils ont l'art de rendre signifiante. Dans l'occupation de l'espace de la concession familiale, les frères de Baaba travaillent les métaux dans leurs échoppes respectives, des ateliers placés dans le carré familial, les uns à côté des autres. Ils ont acquis une telle dextérité dans la transformation des alliages, qu'ils utilisent l'enclume comme tambour et le soufflet comme *kora*[4]. Ces sons métalliques, maîtrisés naturellement, viennent s'unir à l'ambiance musicale entretenue en permanence chez nous.

La cérémonie de ma circoncision se passe pendant l'hivernage, cette période tant attendue par les paysans et qui fait le bonheur des enfants prenant leur douche dehors, avec les premières gouttes de pluie de l'année. Je sens encore cette odeur fraîche qui humidifie la terre asséchée, et qui m'enivre. La journée est longuement et minutieusement préparée par tous mes oncles et tantes. Le choix de la date ne s'est pas fait au hasard. Prévoyants comme tous les chefs de famille, mes parents ont

---

[4] Kora : instrument de musique de la famille de la harpe, d'origine africaine.

consulté le marabout. C'est une année de bonnes récoltes, les inondations des eaux fluviales sont aperçues juste à l'entrée du village, faisant le bonheur des pêcheurs, des paysans, des bergers et surtout des jeunes de notre classe d'âge.

Reverdie, la splendeur de la nature est visible partout avec ses eaux poissonneuses gorgées de nénuphars, de fleurs et d'herbes fraîches.

Tout renaît. Sur des terres fertilisées poussent herbacées, arbustes, légumes et fruits sauvages à profusion. Le monde rural dans son ensemble revit et profite de cette aubaine.

Mmaa se souvient que cette année-là, jamais on n'a compté autant de mariages féconds !

Nous sommes un groupe de dix ou quinze garçons. Quel âge avons-nous ? Sept ans, huit ans ? Peu importe, comme en France, les membres d'un groupe de jeunes n'ont jamais le même âge ! Très tôt, nous avons pu voir se répéter le rituel d'initiation sur nos frères aînés et les autres garçons du village. Honneur, fierté, courage, esprit d'équipe : autant de qualités et de bravoure que nous nous devons d'appliquer et de développer. Nous sommes presque aguerris et psychologiquement prêts, et c'est dans la foi que nous puisons notre force pour nous préparer à supporter cette douleur.

Le maître de cérémonie, celui que nous redoutons le plus, est l'incontournable frère aîné de mon père : la réputation d'officiant de Mamadou Souto dépasse même les frontières de mon village. Droit d'aînesse oblige, ce « chirurgien » dans l'âme est assisté par une équipe « médico-sociale » composée d'une dizaine de personnes de sa fratrie. Rien n'est laissé au hasard, chacun de mes oncles a un rôle capital : chaque détail dans l'exécution des tâches est mesuré au millimètre près. Nous avons reçu nos boubous neufs en coton blanc et avons été spécialement coiffés et chaussés pour la circonstance. Nos grands-parents, discrets jusque-là, ont pourtant été les premiers à donner consignes et bénédictions. Les *garanke* *(*griots laudateurs des Dianka*) de la famille Soumbounou et le grand chanteur et danseur Hamady Téné sont venus des villages de Nabadji-Ciwol et de Hamady Hounaré : depuis une semaine, tous les soirs, après avoir écouté les contes des aïeuls autour du feu, c'est la fête. Celle-ci débute toujours par des chants conçus spécialement par les jeunes filles pour les *njulliiji*** ou *circoncis*, pour nous accompagner dans ce passage de l'adolescence à l'âge adulte. Suivent les danses et les séances de lutte traditionnelle entre les jeunes hommes des classes d'âge intermédiaires autant pour nous montrer leur vigueur physique que pour nous encourager.

Mon père doit jouer les seconds rôles, à savoir : détourner notre attention en nous racontant une histoire, en nous faisant croire qu'un animal ou un oiseau est en train de nous dérober notre belle parure ou que le bruit que nous entendons est celui d'un avion - parce qu'on n'en voit pas souvent. Il réussit toujours là où on ne l'attend pas.

En fin psychologue, il nous joue des tours et « l'acte » se termine toujours par cette surprenante contradiction : un sourire qui nous fait un peu oublier la douleur immédiate. Nous sommes ensuite remis entre les mains du *selbe***, *le responsable des circoncis* : le « docteur » Moussa Souto, troisième frère de mon père, est chargé de « veiller » sur nous. Souvent, il n'hésite pas à faire appel à ses frères cadets pour l'aider à nous soigner ou canaliser notre énergie débordante dès que nous nous sentons remis.

La cérémonie s'est passée sans encombre, c'est un signe que les bénédictions du marabout ont été exaucées. Car au départ, pour les trois religions monothéistes, la circoncision est une preuve d'alliance avec Dieu, un symbole de ce rapprochement marqué dans la chair de l'homme de foi. Place maintenant à la fête, grâce aux offrandes reçues par mes parents qui sont aussi d'excellents guérisseurs traditionnels. En faisant le lien avec leurs talents de tradi-praticiens, je comprends le bien-fondé de la demande de ma famille : de temps en temps, rapporter de la forêt sacrée tantôt une racine, tantôt la sève ou la feuille d'un arbre particulier.

Les jours suivants la circoncision, tout est à construire pour nous, les jeunes initiés. Nous passons toutes nos journées hors du village, près du marigot, à la lisière de la forêt. Nous écoutons, avec attention, les conseils prodigués par les aînés. Les *selbeeji*** (pluriel de *Selbe*) attirent notre attention sur notre vie de futur adulte, en particulier sur notre sexualité qui ne devra débuter qu'après notre mariage. Ils nous expliquent comment sont régies les relations entre les jeunes hommes et les jeunes filles. Il nous est, comme avant, toujours interdit de « fauter ».

Nous passons également à une autre étape de notre investissement dans le village. Nos tâches quotidiennes, facultatives jusqu'à présent, deviennent des devoirs. On compte sur nous. Nous nous voyons confier certains secrets liés à la santé, au bien-être, qui consistent en l'usage de plantes et de phrases magiques à psalmodier.

Les rituels, qu'on nous faisait faire petits et dont nous ne comprenions pas le sens, nous sont maintenant expliqués, et nous pouvons même en prendre l'initiative. Désormais, à notre tour, et forts de ces recommandations, nous sommes autorisés à soigner les êtres humains, les végétaux et les animaux. Notre isolement dans la forêt, me rappelle le Kassak ou rite d'initiation des Diolas de Casamance (province au sud du Sénégal) où chrétiens, musulmans et animistes se retrouvent dans le bois sacré depuis des siècles. Cette région est l'Afrique de l'Ouest en miniature, une région multiculturelle où toutes les composantes sociologiques sont représentées et vivent en bonne intelligence.

Au bout d'un mois, nous sommes généralement guéris et matures.

Les étapes de cette « formation » aux rites traditionnels se repèrent à l'usure de notre vêtement plus ou moins ample et aux charges adaptées à notre état général.

Une satisfaction pour les parents : il n'a jamais été noté ni de séquelles ni d'accidents dramatiques dus à cette pratique séculaire et hygiénique.

Perchée tout en haut de l'arbre, une branche de sagesse se penche vers nous pour nous parler de notre foi.

Première feuille

Et comment la religion fait partie de ma vie…
Ou comment le dialogue avec d'autres confessions s'est tissé…

« *Je suis né musulman !* » En France, la manière dont cette affirmation définitive est présentée peut heurter. Elle peut même paraître violente aux yeux de certains de mes amis. Mais ce que je veux dire c'est que mon lieu et mon environnement de naissance me prédestinent automatiquement à la pratique de cette religion.
La vie spirituelle de mon village baigne dans la culture musulmane depuis des siècles. L'idée du choix, contrairement à ce qui se passe en France, n'est pas formulée. Cependant, il faut préciser tout de suite : aucune force extérieure ne nous impose la foi, celle-ci est une adhésion personnelle.
Mais alors, qu'est-ce qui dicte la quête de sens ? Ou plus explicitement, qu'est-ce qui est essentiel dans l'Islam ? Plus que de formalités convenues, il est question de réflexion, de recherches spirituelles pour le bon musulman.
Au fondement de l'Islam, il y a les cinq piliers : le premier, le plus important est la *Chahada* ou *profession de foi*; viennent ensuite les cinq prières quotidiennes, la Zakat ou l'aumône, le Ramadan, et le pèlerinage aux différents lieux saints de la Mecque si les moyens le permettent.
Le saint Coran est la référence, le livre support qui pousse le musulman fervent à étudier encore, à comprendre, en approfondissant sa connaissance de Dieu. Et pour lui permettre de vivre une meilleure qualité de relation avec ses prochains - surtout lorsqu'ils ne partagent pas les mêmes opinions religieuses - il est nécessaire de connaître et de comprendre les *Hadiths* de Mohamed (*les paroles, commentaires et gestes accomplis* du Prophète). A mon sens, tout musulman, vivant hors de son

cadre habituel, doit sans cesse se poser des questions de base pour établir une relation vraie avec son nouvel entourage.

Dans l'histoire, au commencement déjà, Dieu s'est révélé aux hommes de façons différentes. Pour les Juifs, c'est avec les textes de la Bible, qui comprend trois parties dont la Torah, livre des Lois.

Les Chrétiens ont ajouté à cette Bible Hébraïque, qu'ils appellent Ancien Testament, le Nouveau Testament qui contient les révélations de Jésus-Christ et de ses apôtres. Au cours du mois sacré du Ramadan, Mohamed a reçu de Dieu la révélation du Coran, source des enseignements islamiques.

Les synagogues, les églises et les mosquées sont des lieux de culte où les hommes peuvent témoigner leur amour à Dieu. Abraham est le père des croyants des trois religions monothéistes qui sont sources d'élévation et d'épanouissement personnels. Vues sous cet angle, elles sont au même niveau de croyance en un Dieu unique.

Depuis sa naissance, l'être humain est à la recherche de la Vérité sur la sacralisation des sources. Lorsque, dans sa quintessence, l'homme croit avoir épuisé les réponses à toutes les questions existentielles - entre autres, le bien et le mal - alors qu'il est face au néant et qu'il commence à douter face aux épreuves de la vie, à prendre peur face à la maladie ou à la mort, il cherche assistance et secours. Il se réfère à « quelque chose » d'invisible, d'impalpable qu'il va tenter de définir et de nommer dans une langue et une culture données. Il va alors s'accrocher à cette chose qui lui paraît à la fois énigmatique, mystérieuse et qu'il considère comme le dernier recours qui sauve, unit et resserre les liens.

Les trois « Paroles sacrées », bases des trois religions révélées - le Coran pour l'Islam, la Torah pour le Judaïsme et la Bible pour le Christianisme - émerveillent par les valeurs universelles de tolérance et de paix dont elles sont porteuses.

Je suis aujourd'hui musulman pratiquant, convaincu que ce bas monde ne s'est pas fait tout seul depuis Adam et Eve. Jamais je n'ai douté : ma croyance m'a toujours accompagné au quotidien.

Je suis conscient de la difficulté de faire comprendre cette certitude en Occident, où, outre l'athéisme et l'agnosticisme, il existe une multitude de croyances influencées par une forte culture judéo-chrétienne. Je n'ai pas eu l'opportunité de côtoyer des non-musulmans avant de séjourner en France, mais depuis lors, mon regard et mon mode de vie ont changé : j'adapte mes relations à ceux-là et à tous ceux que je porte dans mon cœur.

J'ai la chance de vivre dans un pays libre et laïc, qui ne m'interdit pas de pratiquer librement ma foi. La laïcité est complémentaire de ma conception républicaine du vivre ensemble. C'est la base essentielle du principe républicain de la société française. Elle permet la tolérance intergénérationnelle et l'acceptation de la différence comme une richesse dans une France plurielle. L'enseignement de la laïcité dès l'école primaire permet de sensibiliser les jeunes au respect de toutes les croyances, au refus de l'intégrisme et du communautarisme. C'est un excellent moyen de lutte contre le racisme et la xénophobie. Il est du devoir de chaque musulman de s'élever, d'honorer cette confiance. Concéder des aménagements pour y parvenir est important : en effet, dans sa relation aux autres, chaque geste du musulman doit rehausser son image dans la mesure où les *Hassanat* ou *bonnes œuvres* comptent dans la balance du Jugement dernier.

Ici, prier cinq fois par jour, avec les recommandations qui en découlent, implique des contraintes. Ces rites obéissent à un protocole qui valide la prière, notamment la régularité, en communauté, dans une salle digne d'un lieu de culte ou au sein d'une mosquée, si on en trouve une.

Ces dispositions réglementaires sont parfois difficilement conciliables avec des responsabilités professionnelles. Lorsqu'il n'a pas été possible de prier à l'heure prescrite, on rattrape alors à la fin de son travail, seul ou en groupe.

Dans la relation hommes/femmes, il y a un point qui pose question : comment expliquer à une amie de longue date, une collègue avec laquelle on travaille au quotidien, une malade qui a besoin d'un simple réconfort... qu'en Islam, les salutations doivent être exclusivement verbales ? Ces personnes font partie de notre environnement immédiat. Par exemple, pendant les trente jours du Ramadan, devons-nous ne plus leur faire la bise fraternelle ? Et faut-il s'y forcer ? Je cherche la réponse. En toute rationalité, pourquoi cautionner ce qui semble n'avoir pour origine que le fait d'associer la femme à une tentation de chair ? Ces dispositions, culturelles plus que religieuses, me semblent favoriser l'exclusion contre laquelle nous nous insurgeons.

Notre religion, qui doit se situer au-dessus de toutes ces considérations, est souvent incomprise en France. Qu'elle soit interprétée différemment selon les pays, les cultures et les traditions est tout à fait légitime. L'intérêt de chacun est donc de revenir à l'étymologie du concept religion qui vient du latin *religare* : relié, rattaché à Dieu. Une autre question parmi d'autres : sommes-nous de mauvais musulmans lorsque, contraints de poursuivre notre travail, nous ne rompons pas le jeûne comme demandé : marquer un temps de pause, faire ses ablutions[5] lorsqu'on trouve un point d'eau potable, manger une datte en position assise et prier juste au moment du coucher du soleil ?

D'ailleurs, dans ma région d'origine, au Sénégal, faute de dattiers, ne pourrions-nous pas « couper » le Ramadan avec des fruits naturels de chez nous, accessibles à tous, que chacun peut cueillir directement et librement sur l'arbre nourricier, comme les pains de singe, les mangues, les jujubes ? Les palmiers-dattiers poussent en abondance en Arabie et en Afrique du Nord, ce qui n'est pas encore le cas partout en Afrique subsaharienne où sévit la sécheresse.

Rompre le jeûne avec des dattes est aujourd'hui pour certaines familles une obligation de dépenses trop élevées pour leur budget : dans un pays habitué jusque-là au partage et à la

---

[5] Ablutions : lavage rituel de certaines parties du corps comme purification religieuse.

solidarité, c'est une des conséquences visibles de la crise sociale et économique.

Ce faisant, rien n'est renié de l'islam qui par ailleurs, recommande d'expliquer, d'échanger, de savoir profiter de la générosité de la nature.

Entre culture et religion, la marge est parfois si étroite que les deux se confondent dans les faits. C'est l'une des sources de discordance, d'incompréhension, d'amalgames. Faut-il rappeler que la communauté musulmane en France compte environ quatre millions de membres[6] dont près de 80 % sont pratiquants. Ils sont essentiellement issus d'Afrique blanche, d'Afrique noire et d'Asie.

Outre les différents courants de l'Islam dont les principaux sont le Sunnisme et le Chiisme, il y a les tendances plus ou moins extrémistes : islamistes et fondamentalistes. Il y a aussi la grande masse des musulmans dits modérés, sans compter les branches mystiques du Soufisme. Leur point commun est l'appartenance à la *Oumma, communauté musulmane*, mais leurs pratiques, nuancées par les apports des enseignements culturels et traditionnels, divergent parfois fortement et contribuent, hélas, aux incohérences notées ici et là.

C'est parce que la seconde religion de France se cherche. Dans cette phase complexe de construction, elle doit faire face à deux situations : vivre dans un pays avec ses racines judéo-chrétiennes et adapter les différents courants culturels des pays d'origine. Le tout avec des écoles de pensées différentes et en l'absence de clergé. Il est important de l'accompagner dans cette phase délicate, et de lui laisser le temps nécessaire de trouver toute la place qui lui revient dans l'espace religieux français. N'oublions pas que l'islam en France est bien jeune, présent depuis moins d'un siècle.

Une autre façon de faire comprendre nos convictions religieuses aux non-musulmans, c'est de parler d'une même voix au-delà de nos cultures, de nos différences, de notre histoire.

---

[6] Source : Institut National d'Etudes Démographiques (INED) et Institut National des Statistiques et des Etudes Economiques (INSEE), 2008.

Les nombreux courants politico-culturels qui composent la civilisation musulmane n'aident pas non plus à saisir la complexité des sources. Mais, ici, le politique qui divise n'a point de place.
La foi, la liberté de conscience ne se décrètent pas, ce sont des choix personnels : l'Islam n'oblige pas, mais invite.

Même si le contexte est différent, regardons mon pays, le Sénégal, composé à près de 90 % de musulmans pratiquants et 10 % de chrétiens ou animistes. Il compte des confréries et des ethnies différentes qui vivent cependant leur foi dans le respect des consciences de chacun.
Ainsi, les Dianka appartiennent au courant des dynasties inspirées des familles Cheikh Omar Tall, Cheikh Tidjane Sy et Elh Mamadou Saydou Bâ, qui eux-mêmes prennent leur source auprès de Seydina Cheikh Ahmet Tidjaniya de Fès au Maroc. La quasi-totalité des Peuls et des Soninkés- attachée aux vertus du Khalife et à la voie du Prophète- en sont des disciples.
Le culturel a été transmis en même temps que le cultuel.
Par contre chez les Wolofs, certains suivent la voie des Mourides de Cheikh Ahmadou Bamba dont la renommée dépasse largement la ville sainte de Touba au Sénégal.
Les pratiques fondamentales ne diffèrent pas, la forme est fortement influencée par la personnalité du chef spirituel. Les différentes mouvances se respectent, vivent en harmonie et le quotidien en est nourri. On ne trouve aucune trace d'une quelconque animosité entre spiritualités différentes. Le grand humaniste Léopold Sedar Senghor, de confession chrétienne, a toujours su faire preuve d'un dosage subtil des représentations linguistiques et religieuses dans la nomination des ministres et des postes à responsabilité.
J'ai grandi dans cet état d'esprit et avec ces modèles de tolérance.

Un jour d'avril 1992, dans le train qui me ramène de Paris, où je suis des cours de l'École des Hautes Études en Sciences

Sociales (EHESS), une grand-mère et son petit-fils, bien blonds, sont assis en face de moi. Nous discutons. Au fil des semaines, nous nous retrouvons régulièrement sur le trajet et nous entamons peu à peu des échanges sur des sujets multiples. Au bout de quelques mois, la confiance aidant, nous refaisons le monde. Nous apprenons à nous connaître et à nous apprécier.

Cette famille est de tradition chrétienne et nos religions, bien que différentes, sont le lien le plus fort qui nous a rapprochés. Un soir, je pose la question qui fâche au petit garçon qui est assis à côté : *« Alors Nicolas, est-ce que tu travailles bien à l'école ? »*. Et Annette, la mamie, saisit la perche pour me demander si je peux justement aider à améliorer les résultats scolaires de son petit-fils, qui visiblement n'est pas très soucieux de la question. Je rencontre alors les parents. Dans nos échanges, je cherche, entre autres facteurs, à déterminer si sa condition de fils unique n'est pas une raison à son manque de motivation scolaire.

Après avoir fini les devoirs demandés par ses professeurs, mon élève et moi rigolons beaucoup, et nous nous découvrons une passion commune pour le sport, le football et le basket-ball.

Nos discussions nous amènent à mieux surmonter les idées reçues sur bon nombre de sujets. Peu à peu, l'enfant reprend confiance. Comme la plupart des jeunes que j'ai eu la chance de croiser sur mon chemin, celui-ci m'a surpris par son intelligence et ses capacités cachées.

A la fin de l'année, à la surprise de ses grands-parents, ses résultats scolaires s'étaient bien améliorés.

A la Pentecôte, sous la conduite de Monseigneur Jean-Charles Thomas, évêque de Versailles, les jeunes des paroisses du département participent à un rassemblement à Jambville (Yvelines). La famille du jeune garçon m'y invite.

C'est là que s'établissent les premiers liens solides avec des chrétiens du Mantois, notamment avec l'association « Le Relais Maghreb ».

J'ai toujours pu compter, dans le Mantois, sur cette communauté locale animée par le père Baudouin, le regretté père Maurice et Mireille Briand qui ont souhaité aller plus loin dans le dialogue. Ils font toujours office de médiateurs, entre les musulmans d'abord, puis entre les musulmans et les autres communautés religieuses.

Avec ces deux prêtres, nous initions des rencontres. Pour expliquer notre démarche, nous commençons par des visites de courtoisie auprès des personnes-ressources ou influentes du quartier, dans des familles migrantes. Proposer de l'aide pour répondre à des renseignements d'ordre social, juridique, scolaire… a été la clef pour entamer les échanges. Les questions relatives à la foi et à la culture d'origine sont abordées naturellement.

Les habitants m'interpellent sur des difficultés de logement, de scolarité des enfants (échecs scolaires, dyslexie), de recherche de salles pour fêter des cérémonies familiales telles que les mariages ou les baptêmes. Je suis également sollicité pour le règlement de conflits de voisinage, d'assurances de voitures qui ont brûlé ou d'appartement endommagé par un dégât des eaux. Il faut aussi gérer des situations difficiles : perte d'emploi, maladie, deuil, exclusions définitives des écoles.

Parti avec enthousiasme pour développer le dialogue interreligieux, je découvre l'ampleur des difficultés auxquelles les immigrés sont confrontés, et à quel point ils ont besoin d'être aidés.

Pour certaines familles, dans des situations de pauvreté extrême, cet appui est encore plus nécessaire, lorsqu'elles traversent des moments douloureux. Le sentiment de solitude est encore plus difficile à supporter face à la complexité des dossiers. La réglementation du séjour des étrangers s'est durcie : source d'inquiétude et d'incompréhension pour les uns, elle est aussi à l'origine de fractures familiales et sociales pour d'autres.

Beaucoup sont totalement déroutés par les rapports avec l'administration, et ne savent pas les gérer. En conséquence, je reçois des demandes d'accompagnement au fil des rencontres de la vie quotidienne, de façon simple. Sans jugement, petit à petit, je les amène à se prendre en charge, à être autonomes. Ils acceptent volontiers mes propositions d'orientation vers des services plus compétents.

Rien n'est simple pour eux, les lourdeurs administratives sont techniquement inextricables. L'instruction de ces dossiers révèle des situations humaines souvent dramatiques.

A cela s'ajoute la puissance des traditions dont l'ombre plane toujours.

Les primo-migrants voudraient perpétuer des coutumes qui ne peuvent désormais recevoir un écho favorable.

Souvent, la plupart des jeunes nés en France refusent cet ordre préétabli. Cela se traduit par des conflits d'intérêts et de pouvoir entre les générations, conséquences des mutations sociologiques et culturelles. Ainsi, par exemple, dans certains pays africains musulmans, la fonction de l'imamat est très controversée car elle peut être héréditaire ou politique.

Dans le premier cas, elle est automatiquement réservée au fils du chef du village, souvent lui-même imam ou marabout issu de la noblesse locale. En conséquence, un homme de caste inférieure, un fils de captif, d'artisan, même lettré et maîtrisant le Coran, n'est pas habilité à diriger les séances de prière : l'unique critère retenu est l'origine familiale.

Dans le second cas, lorsque l'imam ou le marabout se fait le relais du parti politique dominant, en donnant le *ndigal**** ou des *consignes de vote*, cela interroge : politique et religion n'ont jamais fait bon ménage ! Dans l'un ou l'autre cas, le quotidien des populations ne change pas pour autant. Dans les mécanismes d'accès au pouvoir politico-religieux, un noble responsable d'une mosquée, et de surcroît chef de village, aura toujours tendance à asseoir son autorité et sa suprématie héritées de ses parents sur les villageois. De nos jours, n'est-il pas légitime de remettre en cause de tels conservatismes ?

Or, dans ce domaine, une des difficultés des immigrés en général, et des Africains de l'Ouest en particulier, est l'acclimatation à laquelle ils doivent faire face lorsqu'ils arrivent en France. Cette adaptation, nécessaire à leur intégration dans la société d'accueil, n'est pas synonyme de reniement de leur origine identitaire.

Comme l'a souligné Jean-Claude Sommaire, ancien secrétaire général du Haut Conseil à l'Intégration, il y a des « accommodements » à faire. En effet, l'identité se construit, change et s'enrichit au contact des autres. Par exemple, le processus de promotion professionnelle des ouvriers de l'industrie automobile est révélateur. Un chef de quart ou d'équipe chez Renault ou Peugeot, issu de la basse classe ethnique, pourra être le supérieur hiérarchique d'un ouvrier spécialisé (OS) d'origine noble. Cette subordination inversée entre les deux salariés peut être mal acceptée et engendrer des perturbations dans les rapports en dehors du champ professionnel.

Un autre exemple : en 1986, l'ADO présente de nouveau un projet au forum d'Agen. Celui-ci reçoit le prix du Ministère de l'Agriculture et de la Forêt, soit une somme de 50.000 francs (environ 7630 euros).

Je fais partie de la délégation des trois personnes envoyées pour recevoir la somme prévue. On nous apprend que, pour obtenir la subvention, il faut remplir un dossier et fournir des documents administratifs.

Le président de l'association, d'un grand geste accentué par son ample et magnifique boubou, indique aux fonctionnaires qu'il renonce au prix.

Il m'a fallu intervenir, avec humour, pour lui rappeler que si, au Sénégal la parole d'un noble fait autorité, en France, au contraire, nous sommes dans une civilisation écrite, où les citoyens sont soumis aux mêmes obligations sans que cela implique une défiance offensante à son égard. Il était donc préférable et conforme à la sagesse sénégalaise de se plier aux obligations de l'administration française, d'autant que nous avions besoin de cette aide financière.

D'où cette réflexion à mener par chacun sur la nécessité de faire évoluer les mentalités : les compétences socioprofessionnelles doivent primer sur les hiérarchies socio-ethniques, notamment pour la plupart des présidents des associations villageoises de développement, choisis parmi les nobles pour leur charisme mais souvent analphabètes. Ces débats sont nécessaires pour éclairer les jeunes et éveiller les consciences.

Dans beaucoup de pays du tiers-monde, les possibilités d'occuper des fonctions régaliennes se font rares. Les diplômes et les capacités ne suffisent plus pour avoir une qualification socioprofessionnelle et accéder à une place sociale digne. Pour gagner sa vie dans un contexte de plus en plus incertain, chacun y va de ses propres moyens. Mais l'environnement familial et institutionnel apporte plus de contraintes que d'aide.
Les exemples les plus courants sont dans les domaines de la culture populaire, dans le fonctionnement des administrations et des institutions républicaines.
Dans le premier cas, en Afrique de l'Ouest, on retrouve une situation aussi paradoxale que scandaleuse : certains pays regorgent de musiciens dont les talents, soutenus à coups de subventions par les politiques culturelles locales, ont largement dépassé les frontières. Cependant, selon la tradition, seuls les descendants du cercle très fermé des *diéli** ou *griots* sont autorisés à chanter. Aussi, beaucoup d'artistes qui ne sont pas griots renoncent à exercer leur art pour éviter la rupture avec leur famille. La référence aux origines de caste ou d'ethnie ne peut continuellement résister à la volonté des jeunes de s'ouvrir au monde moderne et de laisser s'exprimer leur génie créateur.
Mais entre-temps, combien de rêves se seront envolés et combien de talents auront été gâchés ?
En second lieu, un autre sujet de préoccupation est l'inégalité qui règne dans certains services des administrations publiques africaines.
Au Sénégal, la moralisation de la fonction publique décrétée par l'Etat il y a quelques décennies aurait pu permettre de dégager des postes pour les jeunes diplômés. Malheureusement, elle n'a pas été appliquée.

Un certain nombre de fonctionnaires sont connus et reconnus par leur patronyme ou leur appartenance au parti politique dominant, plus que par leurs compétences. Bien entendu, ceux qui dégagent des avantages particuliers de cette situation rechignent à accepter une quelconque évolution et contribuent à renforcer le système.

Pendant ce temps, les jeunes diplômés ne peuvent trouver un emploi sauf s'ils sont « recommandés » par un personnage haut placé. Cette situation inadmissible ne peut durer, et elle est régulièrement dénoncée par le peuple, souvent avec une violence bien justifiée. Je ne pense pas que ce soit ni une exception ni un cas isolé pour mon pays.

Ce favoritisme et cette forme de discrimination ne prévalent pas en France, où la justice républicaine a son mot à dire.

Un détour à Ourossogui montre le processus de modernisation et d'urbanisation du village, qui, aujourd'hui, est devenu une ville.

Comment en est-on arrivé là ? Par une triple évolution démographique, administrative et politique. Entre 1960 et 1990, le village d'Ourossogui s'est agrandi progressivement, passant d'environ 3000 à 10 000 habitants. Sa position géographique en fait une ville-carrefour.

Au cours de la même période, dans le découpage administratif sénégalais, Ourossogui fut successivement chef-lieu de canton, arrondissement, sous-préfecture et préfecture.

Pour accompagner le développement économique de cette bourgade, les autorités administratives la pourvoient de quelques infrastructures et de quelques fonctionnaires. Le hasard veut que l'infirmier qui gère le poste de santé soit un natif du village appartenant à la noblesse locale.

De par sa profession, il est amené à travailler en étroite collaboration avec les différentes autorités administratives et les dignitaires locaux pour la gestion du village et la cohésion de l'ensemble. A ce titre il est repéré par les autorités politiques comme personne-ressource.

Il est donc naturel que ce soit lui le mieux placé pour assurer cette transition délicate : la transformation d'Ourossogui en commune moderne.

L'année 1990 est historique : le village d'Ourossogui est officiellement érigé en commune, et à ce titre, géré par un maire et par un conseil municipal dont la désignation des membres a fait beaucoup parler.

Auparavant, le village était toujours dirigé par un chef issu de la haute noblesse locale. La mort subite du dernier représentant de la famille régnante, peu avant 1990, est suivie d'une courte période de carence. L'infirmier du dispensaire est propulsé comme maire désigné de la commune. Il n'y a même pas de scrutin.

Par contre, depuis 2000, des élections municipales sont organisées tous les cinq ans, entraînant des changements notoires dans l'équipe municipale. Première ville importante dans la nouvelle région de Matam, Ourossogui compte également dans l'échiquier politique du pays.

Toutes ces évolutions ont eu des conséquences sur la vie sociale.

L'accès à l'éducation, aux soins de base et à l'eau potable ont amélioré les conditions de vie des populations. Grâce aux progrès techniques, dans toute la ville se développent de petites activités florissantes, liées au commerce de gros ou de détail. Le transport routier favorise les échanges commerciaux, tant à l'intérieur du pays qu'avec la Mauritanie et le Mali proches. Mais toute médaille a son revers : l'évolution de ce que fut mon village natal a pour conséquences de profondes mutations sociologiques.

En effet, sur le plan politique, il y a une certaine instabilité avec une démocratie qui n'est pas tout à fait installée dans les mœurs. A y regarder de près, Ourossogui est une ville avec les traditions et le fonctionnement d'un village.

Les querelles politiciennes se sont ajoutées aux tensions latentes entre les classes sociales, avec des jeux de repositionnement face à des situations nouvelles. L'urbanisation n'a pas été

maîtrisée, l'absence d'égout en est un exemple. La spéculation immobilière a fait son apparition, ainsi qu'une classe de nouveaux riches (toutes origines socioethniques confondues). En Afrique, on confond souvent démocratie et état de droit. Entre les hommes politiques et le peuple, il y aura toujours un dialogue de sourds tant que les premiers n'auront pas compris qu'il faut d'abord résoudre les problèmes de base des seconds, ceux évoqués par Maslow.
Aujourd'hui, quelle est exactement la population d'Ourossogui ?
Le dernier recensement officiel daté de 2007 l'estime à environ 15.000 âmes. Tout le monde s'accorde à dire qu'il y en a nettement plus.
Entre logique comptable et réalités humaines, comment expliquer cela ? Dans le décompte par exemple, il arrive souvent qu'on « oublie » les habitants d'un quartier excentrique, *Gourel permeabe***, *petit hameau* : il s'agit des tentes des Nations Unies implantées au sud-est du village. Avec leur couleur bleu foncé, elles sont visibles de loin et abritent des familles entières parties de la Mauritanie sous la contrainte. Ce sont les déportés des douloureux évènements d'avril 1989, année des massacres des négro-mauritaniens qui sont venus se réfugier sous la protection du Haut-Commissariat des Nations Unies (HCR).
Et puis, ça sert à quoi de les compter, pour remuer le couteau dans une plaie qui prendra du temps à cicatriser ?
Heureusement que ces demandeurs d'asile politique et apatrides ont su trouver accueil et réconfort auprès de leurs parents *Toucouleur***, autre appellation des Peuls.
Lorsqu'il s'agit de recenser les citoyens redevables de l'impôt, les élus « oublient » la présence des réfugiés. Par contre, s'il s'agit de distribuer des denrées, ils sont comptés, et même en excès.
Selon que la commande émane du gouvernement pour la distribution gratuite des denrées de première nécessité ou pour le paiement des taxes foncières et autres impôts, la fourchette

d'estimation du nombre d'habitants peut être large. Toute l'aide multiple venant de l'étranger, dons de vivres, matériels sanitaires et médicaux, machines et produits agricoles, mobiliers et infrastructures scolaires, doit être « partagée ».

Sur le plan institutionnel, il faut « récupérer » autant que possible les moyens techniques et financiers pour appuyer ou accompagner des programmes étatiques. Tout y passe. Rien n'y fait : de l'aide d'urgence, on est passé à l'aide permanente puis à l'assistanat. Et comme me le fait remarquer ironiquement mon cousin, diplômé des sciences de l'école de la Rue, certains statisticiens sénégalais, sortis des plus prestigieuses écoles occidentales, ont acquis de solides expériences dans le maniement des chiffres « arrangés ». Ni leurs compétences ni leur professionnalisme ne sont remis en cause.

En France aussi, il y a des situations similaires lors des contestations sociales : malgré les nouvelles techniques de comptage, la concordance des chiffres donnés par la police et ceux des syndicats fait toujours couler beaucoup d'encre…

Par ailleurs, au Sénégal, outre la difficulté de recouper mes données avec d'autres sources, il est de coutume culturellement de ne pas compter les personnes. Souviens-toi, c'est l'une des raisons pour lesquelles je t'avais annoncé que je ne dirai pas combien nous sommes dans la famille !

Aujourd'hui, les habitants d'Ourossogui doivent s'adapter à de nombreux changements importants et rapides. Leurs interrogations ne sont pas si éloignées de celles des immigrés en France qui mènent un double combat : comment faire face à la part contraignante du poids des traditions, de la culture, et comment affronter la complexité des codes de l'intégration dans la société moderne.

Nouvelle donne à laquelle sont confrontés les immigrés qui n'ont pas pris la mesure de ces changements, de ces évolutions auxquelles ils ont participé inconsciemment.

Les importants moyens financiers qu'ils ont envoyés sur place ont fortement contribué à l'essor économique d'Ourossogui (construction de projets individuels, mise en place de projets de développement locaux, participation à l'effort de solidarité et d'aide aux plus démunis). Mais ces efforts financiers, aussi importants soient-ils, ne compenseront jamais la présence humaine, seule apte à assurer le lien social. Le développement économique n'implique pas nécessairement le progrès social.

Dans certains villages africains, l'immigration prive de forces vives, entrave ce processus et aggrave des difficultés familiales, notamment en termes de prise en charge de l'éducation des enfants et de régulation sociale.

Face à ces nouvelles situations et puisqu'il faut avancer, il est nécessaire de reconsidérer les pratiques anciennes et nouvelles, celles d'ici et d'ailleurs, pour garder le meilleur. Les habitants d'Ourossogui et leurs fils émigrés pourraient saisir l'occasion pour définir ensemble de nouveaux critères de développement de la commune.

En France, c'est ce que je tente de faire valoir lors de mes rencontres, en particulier dans les différents groupes interreligieux ou interculturels : la prise de conscience de chacun et la responsabilité de tous dans l'évolution des états d'esprit.

A Mantes-la-Jolie, je suis souvent invité à participer aux réunions de travail avec la communauté chrétienne ; nous nous retrouvons, soit au presbytère de l'église Saint-Jean Baptiste du Val Fourré, soit au domicile d'un des fidèles. Avec le respect et la courtoisie qu'on leur connaît, les responsables religieux me demandent mon avis sur les questions liées à la foi, aux traditions et à la culture des immigrés musulmans. Démuni face à la complexité de cette mission, je propose qu'on élargisse ces réflexions aux responsables des salles de prière locales, aux érudits connus du quartier et à l'imam de la mosquée. En parallèle, je demande, pour approfondir nos relations, d'établir un calendrier des fêtes sociales et religieuses pour initier des temps d'échanges sur l'année, mon objectif étant de toucher d'autres personnes ouvertes au dialogue.

Les responsables de la communauté chrétienne nous épatent quand, pour la première fois, sur mes conseils, ils envoient effectivement un message de solidarité et d'amitié à l'occasion du Ramadan.

En réponse à ce message, les musulmans invitent nos frères chrétiens aux fêtes de l'Aïd-el-fitr et l'Aïd-el-kébir. Ce geste nous a tellement touchés, que désormais, il est devenu une tradition. Signe de cette amitié humaine et spirituelle, cette année-là, le mois ascétique a coïncidé avec l'Assomption, permettant aux musulmans et aux chrétiens d'être proches les uns des autres. Entre Noël et le Nouvel An, nous nous offrons le fameux calendrier des fêtes des trois religions du Livre qui nous permet d'un coup d'œil d'harmoniser nos réunions.

Nos rencontres sont conviviales, sympathiques, toujours agrémentées de repas qui tiennent compte des interdits alimentaires de chacun. De fil en aiguille, la confiance s'est établie, le dialogue s'est approfondi et élargi aux communautés juive et protestante. Nous nous retrouvons, une fois sur deux, soit au presbytère, soit dans une salle de réunion attenante à la mosquée.

Nos réflexions communes nourries d'un dialogue fécond nous conduisent à un rapprochement pour mieux vivre ensemble.

Le dialogue entre individus ne peut aboutir que si on prend en compte la dimension culturelle dans ce qu'elle a de meilleur.

Dans chacune des communautés, après chaque séance, nous désignons un « messager » pour relayer l'information auprès des siens. Nous recueillons les avis des uns et des autres, afin de nous assurer qu'au-delà de la barrière de la langue, les termes du dialogue répondent bien aux aspirations de chacun.

Chez les Africains, contrairement à toute attente, il y avait des réticences, des peurs. Ces inquiétudes se manifestent à cause de la non- maîtrise de la langue : comment dire des mots justes et porteurs de sens ?

Il y a aussi la crainte de ne pas être à la hauteur des défis à relever, du jugement des autres membres de la communauté, ceux qui ne sont pas ouverts au dialogue.

J'ai expliqué, de nombreuses fois, à mes compatriotes l'importance de ces rencontres interreligieuses.

Ils appréhendent également de ne pas connaître les finalités du dialogue, car pendant ce temps, dans la vie quotidienne, les situations de rejet se multiplient à l'occasion d'actes violents : par exemple, les attentats du 11 septembre 2001, les émeutes de 2005 à Villiers-le-Bel (Val d'Oise), et plus récemment celles de Grenoble (Isère) en 2010.

C'est ignorer que ces événements sont révélateurs de l'état de notre société, celle des spectacles médiatisés et de la jouissance émotionnelle immédiate.

Une fois les liens établis et le message relayé auprès des familles, il finit par être compris : il répond à leurs profondes attentes.

À la mosquée et au presbytère, nous élaborons ensemble la formation religieuse des enfants en insistant sur les notions de tolérance et d'ouverture. Appartenant à la même classe d'âge, on s'accorde sur le fait qu'en grandissant ensemble, dans la même dynamique de foi et de respect mutuel, ils seront les bâtisseurs de leur propre destin. Nous avons espoir que le vivre ensemble en sera le premier gagnant. Ayant cheminé main dans la main, il y a des chances que ces jeunes puissent appréhender leur vie sans racisme ni xénophobie.

Ainsi se construisent, pour demain, les bases d'une paix sociale pour un monde plus sécurisé.

Au-delà des liens indéniables qu'ils peuvent tisser, le dialogue permet d'anticiper les conflits interreligieux ou identitaires. Et pour que la lutte contre ce fléau soit un réflexe quotidien, nous les adultes devons prendre nos responsabilités en répondant aux questions innocentes des enfants. Notre pays ne mérite ni le racisme, ni l'antisémitisme encore moins leurs corollaires.

Pour approfondir les échanges, nous avons suivi les recommandations du Groupe d'Amitié Islamo-Chrétienne (GAIC) qui, dans le cadre de sa traditionnelle semaine annuelle de rencontres, invite ses membres à vivre la fraternité.

Nous organisons des conférences dont les thèmes simples et fédérateurs concernent aussi bien les familles africaines de l'Ouest, maghrébines, tamoules, hindoues et françaises.

Une constante de ces rencontres est le partage de spécialités gourmandes. Nous avons comme objectif d'élargir le cercle à des nouveaux venus et permettre ainsi la diffusion du travail de rapprochement. Pour relayer ces évènements positifs, nous convions les laïcs, les médias et les autorités locales. A l'aune du nombre de participants, nous pouvons mesurer que le travail et l'investissement de chacun ont été efficaces pour la réussite des rencontres.

Le temps fort de ces manifestations est la visite de la collégiale du 12e siècle et de la première mosquée construite dans les Yvelines : à la satisfaction générale, les lieux de culte de Mantes-la-Jolie sont ainsi ouverts à tous ceux qui souhaitent les découvrir.

Un des indicateurs du lien social retrouvé dans cette ville est incontestablement la régularité de ces moments conviviaux, l'adhésion et l'extension à d'autres communautés. Elles permettent de tisser de vraies relations d'amitié dans la cité, à l'école, dans les familles et de comprendre la culture et la religion de l'autre dans le respect de l'histoire de chacun. Car même sans pouvoir exécutif, le dialogue porté par les associations peut contribuer à apaiser les tensions : les responsables se parlent, se rencontrent et créent les conditions d'un meilleur vivre ensemble.

En France, il existe de nombreuses initiatives locales méconnues- ce qui est regrettable - mais un proverbe ne dit-il pas : « Les petits ruisseaux font les grandes rivières. » ?

Et pour que les relations ne restent pas superficielles, depuis plusieurs années l'association *Cap et Vie* organise des séjours au profit des jeunes du Val Fourré, qui peuvent ainsi partager le quotidien de certaines familles paysannes françaises.

Ces agriculteurs sont accueillis à leur tour dans les familles mantaises à l'occasion de la célèbre foire aux oignons. Ainsi, le dialogue interculturel est vécu au quotidien, des liens sociaux sont créés.

Chacun y met du sien, tout le monde s'y retrouve. Simplement. Lorsque je me rapproche de mon lieu de travail en 2003, je franchis encore une autre étape.

C'est comme si je quittais une deuxième fois mon village. J'arrive dans la ville nouvelle de Saint-Quentin-en-Yvelines dont une des caractéristiques est le niveau socioprofessionnel plutôt élevé de ses habitants. N'étant pas habitué, je dois rechercher cette proximité sociale, cette chaleur humaine, avec lesquelles j'ai vécu jusqu'à présent dans le Mantois. Et cela me donne l'occasion de m'imprégner de la culture particulière de ces Syndicats d'Agglomérations Nouvelles (SAN) créés dans les années 70. Aujourd'hui, on les appelle Communautés d'Agglomération avec une dimension plus géopolitique. A Saint-Quentin-en-Yvelines, je renouvelle l'expérience acquise, des liens nouveaux se tissent avec les habitants.

Cela débute par le mois béni du Ramadan. Encore une opportunité de partage. Nous décidons de porter le repas à chacun de nos voisins de palier et à ceux que nous croisons tous les matins dans l'ascenseur ou à l'école des enfants. Au départ, ils sont agréablement surpris de notre démarche. Nous n'avons pas encore entamé de réels échanges, mais ils apprécient les bols de soupe, les pastels, poulets Yassa*** et autres plats exotiques du Sénégal. Certains, en guise de remerciement, nous racontent l'accueil et l'hospitalité qu'on a eus à leur égard lors de leur voyage dans mon pays, d'autres demandent les recettes de cuisine ou les lieux où trouver les condiments : les échanges de coordonnées se font tout naturellement. C'est comme ça que mon carnet d'adresses s'est enrichi de nouveaux contacts.

La rencontre avec des associations locales bien engagées complète ma démarche d'insertion locale : Saint-Quentin Solidarité, Ensemble Pour une Planète Solidaire, Artisans du Monde, le Lions Club, Solidarités Nouvelles en faveur du Logement, le Comité Catholique contre la Faim et pour le

Développement, sont connues pour leur militantisme et leur engagement pour un meilleur cadre de vie des habitants.

Avec partout la même conviction que pour un développement solidaire entre le Nord et le Sud, l'homme doit être replacé au centre de nos préoccupations.

Autant de sagesse que de feuilles sur un seul arbre qui engage à la responsabilité et au partage.

Deuxième feuille

Et comment les femmes musulmanes vivent leur religion...

Ne dit-on pas que les questions les plus vraies ou les plus fondamentales sont celles qui fâchent ? Il en est que l'on me pose souvent :
« Pourquoi les femmes musulmanes ne se mélangent-elles pas aux hommes lors des prières ? »
« Pour quelles raisons l'excision est-elle pratiquée dans ta religion ?
« Pourquoi la formation religieuse des femmes est-elle moins développée que celle des hommes ? »
« Pourquoi n'y a-t-il pas de femmes imams ? »
Et bien d'autres encore...
Avec humour, je pourrais répondre à tous mes amis : « Qu'ainsi le repas est toujours prêt à l'heure et les enfants sont bien gardés ... ».
Mais sérieusement, qu'en est-il ?
A la première question, je donne une réponse générale et commune du fait de l'homogénéité des pratiques religieuses dans la plupart des pays musulmans.
Pour les suivantes, je me limite à la situation concrète des musulmanes d'Afrique de l'Ouest.

D'abord un constat : les hommes sont plus présents dans les lieux de prière musulmane.
La raison est-elle religieuse ou culturelle ?
Dans les mosquées et les salles de prière, l'espace central, sacralisé, est attribué aux hommes. Les femmes, isolées des hommes par une cloison, se placent sur les deux côtés qui leur sont réservés : ils ne sont donc jamais dans la même salle. Il en est ainsi depuis le début de l'Islam. A l'origine, hommes et femmes priaient dans la même pièce, les premiers devant, les

secondes derrière. Mais à la Mecque, le lieu saint par excellence, tous les fidèles sont mélangés pendant le pèlerinage ; un *Hadith* du Prophète Mohamed ne prévient-il pas : « N'interdisez pas aux servantes de Dieu d'aller aux demeures de Dieu ! »[7].
Dans les fêtes, comme lors de la célébration du Mawloud ou la naissance du Prophète Mohamed, cause d'affluence, les prières ont lieu à l'extérieur.

L'imam, seul, est devant. Derrière lui sont rangés les dignitaires religieux, les hommes, et enfin les femmes.
En France, dans les familles, cette situation est reproduite dans la mesure où c'est le chef de famille, ou l'homme invité pour la circonstance, qui dirige les prières dans les appartements. Les hommes et les garçons se rangent derrière lui, devant les femmes et les filles.
Dans les églises, autrefois, les fidèles étaient séparés par l'allée centrale, un côté masculin, l'autre féminin.
Aujourd'hui, cette situation a évolué : les croyants sont regroupés comme j'ai pu l'observer au Collège-Lycée Saint-Exupéry, lors des célébrations auxquelles j'ai eu l'occasion de participer : baptêmes, communions, professions de foi, confirmations, ordinations. Mon témoignage et ma présence auprès de familles non musulmanes endeuillées m'ont permis de comprendre le déroulement des obsèques dans leur culture.
Quant aux cérémonies juives, les hommes tiennent à garder une certaine distance, pour ne pas être tentés, semble-t-il ! La séparation facilite le bon déroulement de la prière ; il faut aussi garder à l'esprit l'idée forte chez les Juifs que la responsabilité de l'éducation incombe aux mères et qu'elles sont de ce fait dispensées de la prière.
En Islam, il n'y aucune interdiction pour les femmes de participer à la prière ou aux cérémonies religieuses. La réglementation impose une mixité organisée des fidèles sans altérer leur foi.

---

[7] Hadith rapporté par Ahmed et Abou Dawud.

La proximité et le mélange des genres étant des facteurs favorisant le rapprochement des sexes, la concentration des hommes risquerait-elle d'être perturbée à ce point dans les lieux de culte ?

La vérité, c'est que la femme doit se couvrir les cheveux et cacher les autres parties de son corps, considérées par les hommes comme des organes de séduction.

L'Homme est pécheur par nature, Dieu est Miséricorde.

La présence des femmes dans les lieux de culte, en particulier dans les salles de prière ou les mosquées, leur permettrait d'enrichir leur capital culturel par le discours religieux pour parfaire l'éducation des enfants. Gardiennes de la tradition, elles pourraient également transmettre les valeurs de tolérance de l'Islam.

Pour les autres questions qu'on me pose souvent, je note en préalable que lorsqu'on évoque la place de la musulmane dans l'Islam, on ne pense jamais à celle qui vient du sud du Sahara. Pourtant on doit laisser à cette minorité noire et silencieuse la place qu'elle mérite dans l'espace public français, plus qu'au voile et à la *burqa* médiatisés à outrance. C'est de ces femmes non voilées dont j'ai l'intention de parler.

Ici, point de statistiques. Comme à travers toutes les lignes de ce récit, je ne parle que de ce que j'ai vu et vécu. Les individualités de chacun des fidèles que j'ai eu l'honneur de côtoyer sont au centre de mes préoccupations.

La femme musulmane est au cœur de notre loi religieuse : la Charia est d'abord la norme du droit islamique A ce propos, il faut rappeler la bienveillance du Prophète Mohamed qui leur a donné plus de droits qu'il n'y parait. Ces dispositions définies dans le Coran sont-elles toujours respectées ?

Sous l'angle de la juridiction islamique, l'homme et la femme sont égaux devant l'Islam et ont les mêmes droits et les mêmes devoirs. Mais l'organisation de la société encore basée sur le mode ancestral patriarcal la destine plutôt aux travaux domestiques.

La réponse aux questions de mes amis non-musulmans est à trouver dans des dispositions plus culturelles que religieuses.

Ici en France, sur le plan sociologique, on peut distinguer au moins trois cas de figures en ce qui concerne les femmes originaires de la zone d'émigration du Sénégal, du Mali et de la Mauritanie : celles qui sont issues des milieux ruraux, la plupart analphabètes, celles nées dans les grandes villes, souvent instruites et celles qui vivent dans l'Hexagone issues de la deuxième génération.
La première catégorie est allée à l'école coranique vers six ou sept ans. Mariée entre quatorze et quinze ans selon la loi coutumière du village, elle a rejoint son époux en France dans le cadre du regroupement familial vers dix-sept ou dix-huit ans. Ces épouses suivent les rites tels qu'elles les ont reçus et sont marquées dans leur chair par l'excision. Les traditions en font des génitrices de familles très nombreuses. C'est dans ce groupe que l'on trouve encore quelques cas - de plus en plus rares - de ces pratiques désuètes.
De nos jours, cette coutume mutilante devient rare grâce aux « signalements » ou « informations préoccupantes » des travailleurs sociaux. Certaines familles l'imposent sans en connaître les véritables fondements.
Historiquement, l'excision a été instaurée en Égypte avant l'Islam, sous couvert de religion, plus sûrement pour assurer la soumission de la future épouse. Elle est totalement interdite en France sous peine de poursuites judiciaires. Les préjudices de cette pratique sont terribles et aujourd'hui nos sociétés d'accueil sont légitimement en droit de s'interroger sur sa persistance au sein de quelques familles.
Un travail de prise de conscience et de réflexion est mené pour aboutir à l'éradication totale de cette insupportable coutume. Les campagnes d'éducation et de sensibilisation soutenues par les associations de défense des droits des femmes commencent à faire effet.

En France, il n'y a pas de loi explicite contre l'excision, mais cette conduite aux conséquences dangereuses est vigoureusement combattue devant les tribunaux au titre de l'interdiction des mutilations.

En 1982, suite au décès d'une fillette de trois mois, la première condamnation à un an de prison ferme est tombée six ans plus tard.

En 1999, un procès impliquant plus de vingt personnes a eu lieu à partir d'une plainte déposée par une jeune fille excisée. Il y a eu plusieurs condamnations. Au Sénégal, - mais est-ce un hasard ?- une loi de la même année 1999 interdit les Mutilations Génitales Féminines (MGF) considérées comme des crimes : les auteurs sont punis d'un à cinq ans d'emprisonnement, sur le papier en tout cas. Désormais, les jeunes filles savent qu'elles peuvent compter sur la justice des pays d'origine de leurs parents : ceux-ci peuvent être traduits devant les juridictions respectives. Au diable donc couteaux, lames et coutumes dégradantes !

Dans tous les cas, l'excision n'a rien à voir avec l'Islam, même si certains musulmans continuent de le croire. Ni le Coran ni les Hadiths n'en parlent.

Dans les pays musulmans, l'exercice de la fonction de marabout ou d'imam est d'abord synonyme de pouvoir. Cette responsabilité est réservée aux hommes en fonction de leur disponibilité plus que pour leurs compétences. Pourquoi ? Dans les villages, la raison majeure est que les jeunes filles sont souvent promises à un mariage endogamique précoce les empêchant ainsi de suivre un apprentissage complet. À Ourossogui, Maïmouna est une exception à cette règle. Son père a fait venir un *ceerno*** pour dispenser des cours de Coran à tous ses enfants. Le mariage tardif de sa fille avec un cousin vivant sous le même toit a permis à celle-ci de poursuivre ses études plus facilement. Cette jeune femme exceptionnelle n'a pourtant jamais dirigé une prière chez elle et encore moins à la mosquée. Le poids de la culture des traditions locales reste

encore un obstacle à l'ouverture qui pourrait être donnée à chaque musulman sans distinction de sexe et d'origine sociale. Dans le cas de Maïmouna, si elle avait souhaité prétendre occuper une fonction d'imamat, dont elle a la compétence, elle aurait eu le double handicap d'être fille d'artisan, donc non noble, et femme.
Dans l'absolu, la femme est pourtant la mieux placée, en tant que gardienne des traditions, pour transmettre la Charia la plus tolérante appliquée au quotidien.
Cependant, très patriarcale, la société africaine donne une liberté d'action féminine encore limitée. Alors que tous les projets, toutes les entreprises qu'elles dirigent fonctionnent parfois même mieux que celles de leurs homologues masculins.
Lorsque j'étais enfant, leur champ d'action était encore plus restreint. Mmaa, cette médiatrice innée, n'a pas eu de filles : elles n'ont pas survécu. L'absence de sœurs utérines m'a amené à exécuter des tâches féminines auxquelles je n'étais pas destiné. Aujourd'hui la richesse de cette expérience dépasse largement la moquerie que je peux lire dans les yeux de certains hommes : « faire la vaisselle ? Changer les couches du bébé ? Faire la cuisine ? Le ménage ? C'est bon pour les femmes ! » Mais tout cela n'est en rien un aveu de « faiblesse » : à nous d'en convaincre les époux, pères, fils, frères, oncles et neveux …
Comme le chantait Jean Ferrat en reprenant Aragon *« La femme est l'avenir de l'homme »,* j'en suis persuadé.

Quant aux migrantes nées dans les grandes villes africaines, elles sont éduquées avec une certaine ouverture d'esprit. Grâce aux connaissances scolaires et aux formations diplômantes, elles se distinguent des autres par une certaine capacité à se prendre en charge. La barrière de la langue n'est pas un obstacle à leur intégration ; aussi, l'accès à une certaine autonomie financière et intellectuelle leur autorise une comparaison plus facile avec ce qu'elles ont vécu avant.
Lorsqu'on les rencontre, on constate que ces jeunes femmes ont des idées intéressantes, et s'interrogent sur leur devenir.

Mais elles n'ont pas l'occasion de militer activement dans les associations engagées et où elles pourraient apporter leurs compétences, à cause de certaines contraintes professionnelles et des pressions familiales. Elles sont mieux placées pour parler de la pratique de leur foi ou du sens de l'immigration en France : l'amélioration de leurs conditions de vie quotidienne, leur rapport au pays, l'éducation des jeunes, leur désir de participer aux activités des communautés de base sont des sujets récurrents de conversation.

D'autres questions essentielles les préoccupent : par exemple, leur situation matrimoniale, le choix de vie et, quand cela arrive, la satisfaction de leurs dernières volontés comme la possibilité du lieu d'enterrement - ici ou là-bas - alors que désormais leur vie et celle de leurs enfants, est en France. Et que dire des modalités d'accomplissement du pèlerinage à La Mecque ? Derrière toutes ces interrogations se cachent souvent des préoccupations douloureuses. Aujourd'hui, la société évolue très vite en faveur du sexe dit « faible ». Les femmes voyagent, accèdent aux nouvelles technologies de l'information, se cultivent et développent leur esprit critique.

Même si elle n'est pas toujours appliquée, la parité homme/femme est une réalité dans certains secteurs d'activités. Elle l'est moins dans les sphères de décisions, et au sommet de l'Etat.

Le poids des associations féministes, le travail de lobbying des organismes européens et internationaux de défense des droits féminins, nourris de nombreuses réflexions et recherches universitaires, y sont pour quelque chose.

Cette évolution est sensible aussi dans les pays subsahariens : dès lors que ces dames ont accès à l'instruction, elles obtiennent des postes à haute responsabilité. Dans la plupart de ces pays, il en est qui dirigent au sein de certaines grandes universités, des départements et centres de recherches les plus prestigieux en droit, en lettres, en sciences et techniques. D'autres exercent des fonctions régaliennes importantes. Réunies en associations ou entrées en politique, les Africaines de l'Ouest font valoir leurs droits dans les domaines régis autrefois par le droit coutumier mis en place par les hommes. Elles sont de tous les combats politiques et syndicaux pour leur émancipation.

Dans le même temps, la place des musulmanes dans la sphère religieuse change également. Dans les grandes villes, certaines sont amenées à prendre la direction d'*écoles coraniques* ou *medersa****. À tous les moments forts de la vie et lors des cérémonies familiales en particulier, mais encore dans et hors des mosquées, les femmes se distinguent, marquent leur présence et se font fort de transmettre leurs savoirs, le Coran en main.

On retrouve l'expression de ces tendances nouvelles dans les confréries féminines musulmanes des pays sahéliens : des adultes vêtues de blanc se rencontrent pour chanter des louanges à Dieu. Elles se réunissent aussi pour des « causeries » qui sont en réalité des cercles de réflexion sur l'islam. Ici, aucun sectarisme, aucun intégrisme, aucun communautarisme.

Parmi les migrantes venant de grandes villes et ayant un bon niveau d'instruction, certaines s'intègrent parfaitement et sont des exemples de réussite sociale et personnelle. Mais, d'autres constatent parfois qu'arrivées en France, elles subissent une régression dans leur vie professionnelle. Malgré les acquis de départ, elles se retrouvent déclassées socialement ; certaines même repartent au pays.

C'est lors d'un événement douloureux que l'une d'entre elles m'a interpellé sur la question de leur participation aux obsèques de leurs proches.

En abordant la réflexion sous l'angle socio-anthropologique, j'ai relevé quatre rôles féminins fondamentaux, en général : elle est à la fois fille, sœur, épouse, mère, et à ce titre gardienne des traditions dans une culture de transmission orale. Elle participe à la gestion financière et économique par les petites activités complémentaires qu'elle mène à l'extérieur et au sein de la famille.

Mère, elle donne la vie aux enfants, qu'elle soigne, élève, éduque, instruit. Lorsqu'elle perd son époux, c'est elle qui entre en période de veuvage pour une durée de quatre mois et dix jours selon les lois de la Charia.

Et lors d'une disparition, « pour épargner sa sensibilité », plusieurs érudits m'ont confirmé qu'il est recommandé de dispenser la femme des ultimes soins corporels, physiquement et psychologiquement pénibles pour le commun des mortels. Pourquoi en France, refuse-t-on de faire face à la mort ? Mourir est forcément relégué à l'hôpital. Ce qui est certain, c'est que les progrès médicaux prolongent l'espérance de vie et nous éloignent chaque jour de la maladie, du handicap et de la mort.

Faut-il rappeler qu'en Islam, lors d'un décès, la mise en terre doit avoir lieu au plus vite ?

La religion veut qu'il y ait séparation des missions dans les moments difficiles. En effet, dans l'Islam, les rites funéraires obéissent à des règles très strictes : sous la direction de l'imam, la toilette mortuaire distingue les genres.

Dans tous les cas, la dépouille est recouverte d'un linceul blanc composé de trois morceaux de tissu. Ensuite, les hommes seuls poursuivent la cérémonie en récitant les prières funèbres, dans le silence et le recueillement, jusqu'au cimetière.

Il est regrettable qu'il ne soit pas permis à la femme d'accompagner à sa dernière demeure ni un enfant qu'elle a mis au monde, ni aucun de ses proches. Charia, tradition sunnite, ou pratique sociale, où chercher la raison de cette situation afin de réduire le chagrin au minimum ? Je l'ignore.

Dans certains pays du pourtour méditerranéen, des familles éplorées font appel à des pleureuses professionnelles pour exprimer leur douleur. Mais, il n'existe pas de situation analogue en Afrique de l'Ouest. Pourquoi ne pas aborder ensemble toutes ces questions ? Favoriser ce débat et y associer les deux sexes est une façon d'admettre que l'acceptation de la diversité vient d'abord de Dieu, qui a toujours invité son peuple et ses tribus nomades à une coexistence pacifique. L'humanité est plurielle.

Et pourquoi ces musulmanes instruites ne participent-elles pas activement à la transmission des connaissances religieuses ? Pour cela il faut que leur soit donnée la liberté d'accéder à tous les enseignements religieux avec la perspective de véhiculer les valeurs de leur foi, en phase avec le milieu dans lequel elles vivent. Car contrairement aux idées reçues, ces apprentissages ne seraient pas un frein à leur épanouissement.

Le troisième groupe est celui des jeunes filles nées en France. Toutes les études sociologiques le montrent : de par leur histoire, elles sont partagées et souvent tiraillées entre deux cultures et deux traditions.
D'ailleurs, si cette catégorie intéresse tant, c'est qu'on y note l'émergence d'une classe moyenne avec des prises de position qui bousculent les coutumes des parents : poursuite des études, accès à la citoyenneté, rapport aux croyances religieuses, vie affective, projet de couple ou de vie, séparation et divorce …
Parce qu'il y a des écarts par rapport aux normes établies, ces françaises peuvent adopter un double comportement : selon qu'elles sont nées d'une maman rurale ou citadine, l'approche est plus conservatrice pour les premières et plus ouverte pour les secondes. Certaines ayant pris le train de la réussite scolaire et professionnelle, se sentent résolument françaises et le revendiquent. Les tiraillements entre leurs nouvelles conditions de vie et l'entourage familial sont néanmoins inévitables, surtout lorsque la question du mariage se pose.
Leurs liens avec le pays d'origine sont plus ou moins forts, selon la façon dont ils ont été entretenus par les parents (dialogue, information sur le village, séjours au pays).
Quant à la pratique, elle dépend de la formation religieuse reçue, et c'est là une des difficultés des jeunes de la deuxième génération : à défaut d'écoles coraniques, comment se transmet l'Islam ?
Si quelques familles font venir chez elles un marabout de leur connaissance, d'autres s'en remettent à des associations qu'elles ne connaissent que de nom : l'enseignement du Coran et des

préceptes de l'Islam est dispensé alors en arabe, une langue étrangère très éloignée de la tradition familiale. Sur certains points de la pratique, cette situation divise encore les membres des communautés religieuses, notamment au sein des minorités ethniques.

Enfin, il y a celles qui n'effectuent aucune démarche, pensant que la situation s'améliorera avec le temps ; sans se rendre compte elles laissent alors se creuser un fossé intergénérationnel : les jeunes filles ont à la fois une méconnaissance de leur culture d'origine et une compréhension insuffisante de la société française. Elles sont donc très démunies pour se définir elles-mêmes et construire leur identité propre. De plus elles n'ont eu aucune formation religieuse et courent le risque d'être marginalisées dans la société et/ou de tomber dans l'intégrisme, car elles sont des proies faciles pour les recruteurs.

A ces interrogations, viennent s'ajouter les difficultés de la vie quotidienne qui, paradoxalement, touchent de plus en plus les jeunes femmes d'aujourd'hui : insertion dans la société française, échecs scolaires, accès à l'emploi, au logement, agressions, violences sexistes et conjugales…

Les demandes des femmes musulmanes aspirant aujourd'hui à une cohérence entre le discours religieux et les attentes sociales sont légitimes.

Le confessionnalisme est-il compatible avec la laïcité à la française?

L'opinion des Occidentaux sur notre religion ne doit pas insupporter mais plutôt interpeller nos communautés respectives.

Ces dernières doivent accentuer les efforts en faveur des initiatives de dialogue un peu partout dans nos villes, nos campagnes, nos quartiers.

Cet élan fait résonance dans les mosquées, les églises, les synagogues et les centres œcuméniques. Aujourd'hui plus que jamais, cette impulsion est nécessaire dans la construction de ponts de paix entre les différents peuples, dans le respect de l'identité de chaque culture. En ce sens, pour un vivre ensemble pacifique, et parce qu'elles permettent la construction de fraternités agissantes, la démarche et la forme prises par le dialogue peuvent constituer de véritables éléments de réponse aux questions de mes amis des deux autres religions du Livre. Pour y parvenir, on peut compter sur l'a priori favorable de la diaspora africaine dont les travaux des scientifiques, des chercheurs et des intellectuels constituent une banque de données précieuses pour alimenter le dialogue.

Dans ces échanges, les femmes peuvent tenir un rôle très important.

Leur place y est essentielle et elles doivent pouvoir y participer de façon plus active. Les obstacles matériels peuvent être résolus si, dans le couple, l'homme décide de bien assumer sa part des travaux de la maison.

C'est une question de volonté et d'organisation.

Cependant, il n'est pas inutile de rappeler que nous vivons dans un monde complètement désorienté, une société basée essentiellement sur le profit qui dénature les relations humaines. Les considérations matérialistes et financières l'emportent sur toutes les autres, reléguant la gent féminine au second plan.

Demain, à la croisée des chemins perdus, lorsqu'il faudra se poser pour revenir à l'essentiel, c'est-à-dire à des valeurs universelles, la femme nous tendra la boussole indicatrice des quatre points cardinaux. Peu importe sa religion.

Et entre deux verres de thé à la menthe, à mon tour, j'interpelle mes amis chrétiens sur la sempiternelle question du célibat des prêtres dans ce monde de tentations et d'abus en tous genres. Le rapport hommes /femmes, s'il paraît plutôt équilibré sur le plan laïc, suscite encore nombre de questionnements au sein des communautés chrétiennes ; nos échanges sont loin d'être terminés, nous avons encore tant de choses à nous dire…

Feuille : nom féminin qui sait aussi bien tourner les pages de la vie quotidienne que celle du Grand Livre

Quatrième branche

L'école avec Monsieur Dia

Dans la famille, Mamadou mon frère aîné, « *né vers l'année du passage du bateau Bou El Mogdad à Matam* », selon le « calendrier » bien personnel de Mmaa, est le premier à être allé à « l'école des Blancs ».
Les souvenirs de lui qui me reviennent lorsque j'étais enfant remontent avec force : je l'entends encore, réviser ses leçons à voix haute, la nuit venue, à la lueur de la lampe-tempête ou de la bougie. Je me glisse alors tel le chasseur... derrière une table faite d'une planche posée sur deux mortiers et, dans le noir, j'écoute avec avidité ces mots étranges ruminés pour les ranger ensuite dans un petit coin de ma tête.
On en rit aujourd'hui lorsque nous évoquons ces bons moments. D'autant que mon fils Issa, agit de même avec son frère Cheikh et sa sœur Kardiatou.
Il y a un consensus dans des études menées sur ce sujet : dès le plus jeune âge, l'enfant a tendance à reproduire inconsciemment les schémas en singeant les adultes. Tout ce qu'il entend ou voit est normal, ses facultés intellectuelles et cognitives se développent à une vitesse phénoménale. C'est ainsi que dans la famille naturellement chacun a appris: le petit imitant le plus grand. Cette pratique est encore d'usage dans toutes les civilisations du monde, avec une valeur sociale symbolique. Mais ce rôle des « *grands frères* » comme relais d'éducation s'est raréfié aujourd'hui, tellement les aînés sont enfermés dans leurs propres soucis quotidiens.
Un jour d'octobre 1969, je me souviens de la conversation entre mon père et Elimane Bandia Diallo, le dernier chef du village de Sogui. Appuyé sur sa canne, le vieil homme vient nous trouver mes frères et moi, occupés à défricher et à biner le grand champ de Baaba. Après les « salamalecs » d'usage, mon père

me fait signe d'arrêter mon travail. Je dois rejoindre immédiatement les bancs de l'école primaire. On était en fin de matinée. Je troque ma vieille daba ou ma houe traditionnelle contre la plume moderne.

Il faut compléter les effectifs de la classe du Cours Primaire de Monsieur Soulèye Dia, appelé affectueusement *Musee Jah* **. En fait, le chef du village a mené une petite enquête auprès du marabout de l'école coranique, *Ceerno* Hamath Diallo qui a révélé mes bonnes dispositions d'apprentissage.

Baaba saisit l'opportunité qui m'est offerte, car si les chefs traditionnels avaient pu remplir les classes avec les enfants issus de la noblesse locale, ils n'auraient sûrement pas fait appel à ceux de notre famille.

À Ourossogui, il y a d'un côté l'école française et de l'autre l'école coranique : sur le plan idéologique, les deux institutions sont opposées par des groupes partisans de l'un ou l'autre système éducatif.

Cependant, nous les enfants, dans notre vécu quotidien à l'école française, nous chassons tous ces partis pris. Mon père voyage dans la région ouest-africaine. Il est connu pour sa soif d'échanges, sa curiosité et son intérêt pour l'autre, celui qui est différent. Au cours de ses pérégrinations, il croise des gens de tous horizons, aussi bien des touristes blancs, des fonctionnaires, des militaires, que des prêtres…

Avec une grande acuité, mes parents prennent conscience d'une évolution nécessaire : la Nation a besoin de cadres dirigeants, l'Etat- Providence propose des emplois pour gérer ses institutions et passe par les influences des chefferies locales pour remplir les écoles françaises. Baaba a très bien compris qu'il faut répondre à cet appel en envoyant quasiment tous ses enfants à l'une et à l'autre école.

A l'école française, les enfants sont traités à égalité quelle que soit leur origine, et leur succès ne dépend que de leurs efforts. C'est comme cela que bougera notre système social très hiérarchisé et conservateur. Même les enfants issus des basses classes scolarisés pourront obtenir un autre statut, non pas sur le critère de leur origine socioethnique ou de leur appartenance au parti au pouvoir, mais sur la base objective de leurs compétences. Grâce à l'école républicaine, les libertés démocratiques ressortiront grandies.

Du jour où je prends le chemin de l'école, ma vie prend une autre orientation, l'instruction m'a formé et façonné sur tous les plans : intellectuel, civique, physique et pratique.

L'école des Blancs (c'est comme cela que l'on nomme l'institution française) me permet d'acquérir une ouverture d'esprit à d'autres cultures et à d'autres civilisations. Je me souviens d'une scolarité vécue avec un immense bonheur. C'est là, dans une relative pauvreté matérielle, que nous développons les premières formes de partage et de solidarité entre les enfants scolarisés à l'unique école primaire d'Ourossogui que nous appelons de son petit nom « EPO ».

Notre établissement est composé de deux bâtiments coloniaux en dur ; le premier abrite la maison du directeur et les classes de CE2 et CM1.

Les élèves de CM2 ont cours dans l'imposante bâtisse qui leur est attribuée depuis plus d'un demi-siècle !

Quant aux classes des « tout-petits », les CP et les CE1, elles sont situées dans le second édifice reconnaissable de loin avec ses murs en *banco* (crépissage avec terre et branchages) et son toit en paille pour nous protéger de la chaleur.

Nous avons tous du respect et de l'estime pour Monsieur Dia, nous éprouvons même une certaine crainte pour cet homme qui est à la fois notre maître à penser, notre infirmier, notre père. Ce grand costaud, toujours une cigarette Camélia blanche à la bouche, vit dans le village. Le timbre de sa forte voix, coupée de bégaiements, nous impressionne toutes les fois qu'il passe dans les rangs pour faire un contrôle inopiné ; malheur à celui qui lève son ardoise avec une phrase mal recopiée, une réponse fausse ou une opération erronée : il donne alors un *tonkeree***, *une petite tape sur la tête*, et tout le monde de rire ! La famille de Musee Jah** loge dans l'école où sont scolarisés tous ses enfants.

L'enseignant est très impliqué dans la vie communautaire et aide le chef du village, notamment à collecter les impôts en nature et à établir les relevés correspondants. D'origine peule, il manie aisément la langue de Molière, sert d'interprète et participe à l'organisation des festivités lors des séjours des officiels au village.

Pas besoin de diplôme en psychologie pour Monsieur Dia, qui, dès notre arrivée le matin, perçoit nos préoccupations relatives à une maladie ou à une épreuve dans notre entourage. Rien à voir avec le quotidien que je rencontre dans le cadre de ma fonction de CPE (Conseiller Principal d'Education) où, du fait de l'esprit de compétition et de la culture du résultat qui prévaut dans certaines familles, tout petit souci devient rapidement un psychodrame.

A l'école de notre village, il n'y a pas suffisamment de manuels et de fournitures pour tous les élèves. Même si cette situation constitue un véritable frein pour certaines familles, pour mes camarades dont les parents se sacrifient, c'est une aubaine de fréquenter l'école des Blancs. Le matériel scolaire est précieusement gardé dans une espèce d'armoire en planches disjointes qui sert aussi de bibliothèque. L'entretien de la classe, de l'enceinte de la clôture de l'école – une palissade d'épineux – est à la charge des familles et des enfants. Nous nous occupons, avec plaisir, du rangement de notre espace de travail !

Dans la journée, et selon les programmes décidés depuis les beaux bureaux ministériels de Dakar, le maître est seul souverain dans sa classe. Lui seul choisit et organise en âme et conscience les séquences pédagogiques qui relèvent de la magie pour les profanes que nous sommes.

Comment arrive-t-il à passer d'une matière à une autre et comment sont élaborés les emplois du temps ? Qui évalue nos acquis et valide nos connaissances ? En cours, *Musee Jah*** est toujours fier de nous brandir son unique « livre du Maître » : selon les cas, il peut, soit nous dicter la leçon du jour, soit la recopier au tableau avec une calligraphie digne des instituteurs d'antan.

Les exercices et les leçons sont à faire dans la journée ou pour le lendemain. L'organisation scolaire est différente de ce qui se passe en France ; au village, l'absence de carnet de liaison avec les familles ne signifie pas leur désintérêt. Au contraire.

Notre instituteur nous connaît bien, et sa confiance en ses élèves est totale. En fonction de notre lieu d'habitation, il nous prête les manuels dans lesquels se trouvent les activités à réaliser. Nous nous réunissons chez l'un de nos camarades, pour travailler ensemble. C'est également l'occasion de discuter des consignes données par le maître afin d'être certains que nous les avons bien comprises. J'ai remarqué qu'il n'y a jamais d'oubli de matériel ou de devoirs non faits : la méthode de Monsieur Dia a fait ses preuves.

En classe, nous avons un livre pour cinq, que nous partageons pour pouvoir faire nos exercices. Nos parents analphabètes sont un peu mis à l'écart de nos échanges. Les raisons des absences et des empêchements sont connues, seul un événement familial majeur peut excuser un travail non fait. Il n'y a pas de justificatif, la parole de l'enfant suffit. Après l'école, nous sommes contents de nous retrouver à *Dingirel jama*** ou la *petite esplanade de la mosquée* du village pour nous amuser.

Pas de photocopieuse dévoreuse de papier ! Ainsi, nous sommes ensemble pour apprendre, travailler, partager nos expériences entre jeunes et aînés, nous entraider. Pas besoin de leçon « de vivre ensemble », la solidarité naturelle est à l'œuvre, et bien vivante.

Nous aimons aussi nous donner rendez-vous à la périphérie du village, aux abords d'un des cours d'eau pour faire « les devoirs à la maison ».

Entre une dictée, la règle de trois à apprendre par cœur, un poème de Birago Diop ou de Victor Hugo, alors que la chaleur nous accable, nous plongeons dans le premier marigot pour nous rafraîchir. Nous traitons à même le sol les figures géométriques en grandeur réelle avant de recopier les résultats qui nous semblent exacts dans nos cahiers d'exercices.

Cette forme de travail en commun nous enchante ! Et, chaque fois que cela est possible, nous inventons des méthodes pédagogiques de plus en plus originales. De retour en classe, nous recevons même les félicitations de Monsieur Dia pour nos innovations. Je suis persuadé qu'il y avait des élèves surdoués parmi nous !

Et l'idée même d'une quelconque vérification de notre quotient intellectuel (QI) et autres détecteurs d'enfants précoces ne nous effleure pas l'esprit : nous nous contentons simplement de nos performances.

Et même sans en connaître les détails, nos parents s'associent toujours à notre joie.

Il va de soi que nous respectons à la lettre les instructions de notre instituteur. Nous sommes totalement solidaires et nous utilisons les compétences transversales de chacun pour faire nos devoirs. Lorsqu'un exercice n'est pas compris par le groupe, et de peur d'être grondés ou punis par notre maître, nous demandons à un de nos copains, le rigolo de service, de faire en sorte de distraire l'enseignant afin qu'il oublie de nous interroger là-dessus...

Nous ne sommes pas irréprochables, mais nos bêtises ne sont marquées ni de méchanceté ni d'excès : elles sont plutôt bien tolérées par les adultes.

L'absence de manuel scolaire individuel nous amène à avoir un rapport presque sacré avec les livres. Aussi, lorsque nous en avons un, sommes-nous fascinés par sa forme, sa pagination, ses couleurs, ses dessins, ses photos. Conscients de la rareté du produit, nous en prenons grand soin pour que les classes d'âge suivantes puissent en bénéficier.

Joie et fierté nous habitent, à la fois de nous retrouver ensemble pour faire les exercices demandés par notre maître et pour procéder ensuite à une application de nos connaissances théoriques : aider les villageois à traduire les documents administratifs comme les courriers, les ordonnances, les modes d'emploi. Les habitants apprécient les premiers services que nous leur rendons.

Pendant les vacances, comme d'habitude, nous nous retrouvons, le matin, à l'entrée du village. À l'ombre des grands acacias, près de *Liff* ou de *Racine* deux des trois ruisseaux d'Ourossogui, nous nous échangeons encore un ou deux livres.

Nous avons toujours en nous cette soif d'apprendre. Il faut dire qu'aucune autre sollicitation ne vient nous distraire, et que notre instituteur est toujours un peu avec nous.

Au-delà de ses qualités de pédagogue et de la finesse de ses observations, Monsieur Dia a un don : celui de guérir par imposition des mains, ou encore en nous donnant à mâcher quelques feuilles ou des racines.

C'est extraordinaire venant de quelqu'un qui a été formé à l'école des Blancs d'avoir su conserver son authenticité.

Après un rapide diagnostic, il sait aussi faire preuve d'initiative « médicale ». Il nous donne alors de l'aspirine, quand il en a, et en fonction de notre état, nous oriente vers l'infirmerie du village ou celle du camp militaire qui se trouve juste en face. Si nous avons été piqués par un insecte, un scorpion, ou mordus par un serpent, il sait nous prodiguer les premiers soins pour atténuer la douleur.

Vingt ans après, ses recommandations m'ont été bien utiles notamment lors de ma formation aux gestes de premiers secours auprès de la Croix-Rouge Française.

Qui de ses anciens élèves n'a pas été profondément marqué par *Musee Jah* ? Je lui dois encore beaucoup aujourd'hui, et je continue d'appliquer ce qu'il nous a transmis. Par la suite à Paris, j'ai eu la chance de rencontrer d'autres maîtres à penser comme Pierre Bourdieu, Monique de Saint-Martin, Elikia Mbokolo ou Marcel Couturier lors des séminaires animés à l'Ecole des Hautes Etudes en Sciences Sociales.

Que ce soit dans les ruelles du village ou en classe, flanqué de son éternel boubou blanc, notre maître sait allier tradition et modernité, tout en nous enseignant les dernières innovations.

Chez nous, apprendre « *par cœur* » est de nos jours encore un concept qui relève des fondamentaux, ce qui a été quelque peu, voire carrément, abandonné par les grands pédagogues du système éducatif actuel. *Musee Jah*** souhaite que nous nous exprimions dans un français impeccable. L'élève qui parle par distraction dans sa langue maternelle, ou qui n'apprend pas ses leçons, se voit remettre le mauvais cadeau, le « *symbole* ». Il s'agit d'un objet en bois ou une coupe que l'on redoute de rapporter chez soi. Il nous « brûle les doigts » et nous n'avons qu'une idée en tête, nous en débarrasser en donnant des réponses justes le plus rapidement possible. A ce titre, c'est une méthode stimulante.

Au fur et à mesure que je découvre le maniement de sa syntaxe, la langue française m'ouvre les portes d'un autre savoir. J'en apprécie toute la splendeur.

Au fil de l'année, nous appliquons aussi nos connaissances dans le jardin situé à l'intérieur de l'école. Il s'agit de mettre en pratique les principes appris en mathématiques, en agronomie et en sciences naturelles. Monsieur Dia nous a initiés à l'étude des différents sols et à la sélection des semences de graines adaptées pour la culture des *céréales* locales comme le sorgho, le millet, le *nyebbe***.

Dans notre potager scolaire, nous plantons aussi de la salade, des tomates, des carottes, des arachides et de la menthe fraîche très prisée des populations. Quant aux baobabs, bananiers, manguiers et citronniers, nous apprenons même à les greffer.

Les méthodes d'irrigation font partie de cet enseignement, et l'eau est considérée comme un bien précieux, mesurée au plus juste, sans gaspillage. Les responsabilités d'entretien, d'arrosage et de surveillance sont réparties en fonction de l'âge, les tâches plus dangereuses étant réservées aux garçons. Les fruits et légumes patiemment récoltés sont disposés dans des paniers en feuilles de palmiers ou de rôniers tressés par nos parents avant d'être vendus au marché du village par les marchandes d'un jour, les écolières.

Les gains obtenus sont consacrés à l'achat de fournitures scolaires redistribuées gratuitement. Les élèves tiennent un journal spécialement dédié à la restitution des étapes, de la récolte à la vente des produits. C'est de l'arithmétique appliquée. Pour en garder une trace, nous consignons les résultats dans un cahier de gestion/comptabilité. Il n'y a ainsi aucun décalage entre théorie et pratique.

L'acquisition des connaissances coule de source et, comme dit notre maître, à l'image du paysan qui, s'il plante les bonnes graines dans la bonne terre obtiendra une bonne récolte : *« la terre ne ment jamais »*.

Notre instituteur enseigne à deux niveaux extrêmes du cycle primaire, en CP et en CM2. Le tableau noir accroché entre deux poteaux en bois est en fait une porte récupérée, recouverte d'un enduit à base de suie que nous repeignons régulièrement au rythme des pluies et des utilisations quotidiennes. Les cours se passent exclusivement en français.

Les seuls bruits qui traversent notre « salle de classe » sont les cris des animaux domestiques, le vent dans les feuilles des arbres et le chant des oiseaux. Nous sommes calmes, attentifs, conscients d'avoir été choisis pour étudier.

Lorsque l'enseignant entre en classe, nous nous levons tous, lui adressons le traditionnel « Bonjour Musse Jah », en français et en chœur ! Aucun des élèves de CP n'a jamais auparavant entendu un seul mot de cette langue bizarre. Monsieur Dia nous a révélé une par une les voyelles et consonnes composant les vingt-six lettres de l'alphabet français : il trace d'un geste sûr avec sa craie très blanche sur un tableau très noir des signes presque surnaturels. Aussi ces esquisses deviennent-elles des lettres et des mots au fil des leçons. C'est tout craintifs et emplis de déférence que nous assistons aux cours magistraux.

Bienvenues sont les pauses, annoncées par le son de la cloche, une vieille jante de voiture rouillée accrochée au flamboyant. A tour de rôle, un élève est désigné sur le tableau de service quotidien, pour aller sonner l'heure de la récréation.

Son statut d'instituteur et de directeur d'une école publique et laïque n'a jamais interdit à Monsieur Dia d'afficher sa foi auprès de ses collègues enseignants d'obédience catholique.

Comme toutes les familles du village, celle des Dianka est nombreuse, les fratries sont largement représentées dans les différentes classes primaires.

Avec la méthode pédagogique de notre maître, il n'y a aucune rupture entre les instructions scolaires et l'approche éducative prodiguée par nos parents ; au contraire, il rajoute simplement quelques doses de modernité qui nous motivent tous à avancer toujours plus loin.

Issu de la noblesse locale, l'enseignant laisse parfois émerger son patriotisme, tantôt pour dénoncer les excès de la colonisation française, tantôt pour vanter la bravoure des Tirailleurs sénégalais pendant les deux guerres.

Parce qu'il y en avait, dans le village !

Il nous encourage toujours à aimer l'école des Blancs, celle qui donne un autre savoir et qui, un jour, rend libre, heureux. Celle qui pardonne, qui véhicule les cultures, et contrairement à l'impérialisme français, réconcilie les peuples.

Lorsque Cheikh Hamidou Kane affirme qu'« *il faut aller apprendre chez eux l'art de vaincre sans avoir raison »,* notre instituteur, pur produit du fait colonial, dont il est critique par ailleurs, soutient que la langue française nous enrichit néanmoins.

Comment ne pas éprouver de la déférence et une totale reconnaissance pour Monsieur Soulèye Dia, cet instructeur charismatique qui a marqué de nombreuses générations ?

Dans notre culture traditionnelle, aller à l'école est synonyme d'acquisition de connaissances livresques et de sagesse. Cependant, notre société est baignée de culture orale et l'implantation de l'institution scolaire française est récente. Notre système traditionnel vit en connivence avec le système occidental.

Au Sénégal, les écoles françaises commencent à se développer dans les années soixante. Certaines, beaucoup moins démocratiques, existent déjà comme « *William Ponty* » à Dakar et « *Ahmed Fall* » à Saint-Louis. On les appelle communément « l'école des fils de chefs », en référence aux enfants des

colonisateurs, des dignitaires féodaux locaux, qui seuls avaient le droit d'envoyer leur progéniture à l'école occidentale.
Dans mon pays, la fréquentation scolaire n'est pas obligatoire. La peur et les préjugés empêchent beaucoup de parents de profiter de cette ouverture.
Pour les autres, seul l'enseignement primaire est gratuit, aussi les problèmes se posent-ils dès que les jeunes poursuivent leurs études dans le secondaire ou le supérieur.
La couverture scolaire du pays est déficitaire, il faut alors quitter le village et partir loin pour accéder au système éducatif secondaire ou supérieur.
Mais pour des familles dont la subsistance est assurée uniquement par les maigres ressources produites par des activités d'agriculture, de pêche, de chasse et de cueillette, il est difficile de payer les fournitures consommables comme les cahiers et les crayons de leurs enfants.
Avec confiance cependant, mes parents suivent les conseils de Monsieur Dia pour remplir les démarches administratives et pédagogiques. C'est ainsi que j'ai eu la chance d'obtenir ma première carte nationale d'identité signée des mains du chef de canton (ancien découpage administratif) ; c'est un passage obligé pour s'inscrire au fameux concours d'entrée en sixième. J'avais onze ou douze ans.
Lorsque je suis l'unique candidat de l'école d'Ourossogui admis au concours d'entrée en sixième, une nouvelle étape est franchie. Mon intégration au lycée, à Ndar (Saint-Louis du Sénégal), à plus de quatre cents kilomètres de chez moi me propulse encore sur une autre planète. J'arrive de mon village, « broussard », ignorant des habitudes, totalement nouvelles pour moi, dans cette ville au passé colonial toujours vif. Sans parler de la personnalité paradoxale de ses habitants revendiquant à la fois leur authenticité wolof et leur imprégnation de la culture française. Il me faut m'adapter à la langue wolof, à la rigueur du climat, à l'organisation d'une vie lycéenne loin de chez moi.

Le budget est serré pour manger, me loger, m'habiller et acheter mes fournitures scolaires. Comme mes camarades de classe, pour faire des économies, j'achète les manuels scolaires vendus à même le sol au marché *Sor**** de la vieille ville.

Avec du recul, je me demande quelle aurait été ma destinée si je n'avais pas suivi l'enseignement de Monsieur Dia ?

Ma soif d'apprendre m'a conduit toujours plus loin, jusqu'à Paris, la capitale de *walla fendo*** ou *l'eau glacée* (allusion au gel hivernal).

Fier d'avoir été « choisi » parmi mes copains de la même classe d'âge, l'école française a pesé dans ma jeunesse qu'elle a rendue épanouie.

Elle continue de me construire encore : je garde cette envie d'apprendre des choses nouvelles, d'aller de l'avant, toujours enraciné dans la terre qui m'a vu naître.

L'arrivée de l'école française dans nos campagnes ouvre les vannes du modernisme.

Parmi les premières générations d'écoliers, certains sont devenus techniciens, ou cadres de l'administration.

Grâce à leurs compétences, ils trouvent des partenaires pour monter des projets de développement : forage de puits, installation de bornes-fontaines, construction de barrages et de centrales électriques.

Je revois ce soir d'hivernage où les premiers lampadaires installés çà et là dans le village se sont allumés ; les animaux complètement déroutés refusent de revenir au village comme à l'accoutumée. Il faut que nous allions les rassurer et les chercher nous-mêmes, les bergers, pris de court, étant débordés par leur réaction.

Même nous, jeunes adolescents, qui avons l'habitude de nous réunir au clair de lune, sommes déconcertés par cette lumière trop vive et sélective.

Alors que les étoiles éclairaient naturellement partout de la même façon sans attirer les myriades d'insectes ni dans nos théières ni dans les marmites de nos mamans.

Ce modernisme, perçu comme un énorme pas en avant, a aussi ses contreparties ; il nous donne à réfléchir sur notre modèle de développement et ses conséquences difficilement maîtrisables.
Les progrès concernant la santé et la communication sont incontestables et ont amélioré pour certains leur qualité de vie.
Quant à la télévision, le monde entier est arrivé chez nous avec ses séries « made in France » ou « made in USA », reléguant au second plan nos productions locales et notre culture.
Comme le fait dire Cheikh Hamidou Kane à son personnage principal La Grande Royale, dans l'Aventure Ambiguë : « *Est-ce que ce qu'ils nous enlèvent équivaut à ce qu'ils nous apportent ?* ». Cette question lancinante, posée dans ce récit emblématique est toujours d'actualité.
Je me situe au carrefour de ces réflexions.
Du côté de ma mère, les oncles et les cousins germains sont déjà habitués aux livres pour avoir fréquenté les deux écoles. Mon grand frère, entré au lycée quelques années auparavant, a ouvert la voie, et ce fut d'autant plus facile qu'il existait déjà une culture écrite dans la famille.
D'ailleurs le choix délibéré d'inscrire ses enfants à l'école française a valu à Baaba bien des déboires, qui auraient été encore plus importants sans l'intervention musclée de son grand frère. En effet, plusieurs fois, en guise de représailles et de sanctions, il a été privé de la distribution gratuite des denrées de première nécessité par la chefferie et par les autorités politiques locales, pour qui ces distributions sont une manière d'installer leur pouvoir.
En plus, malgré les propositions d'achats de conscience, mon père n'avait pas pris la carte du parti !
Une culture institutionnelle dans un état fort, est le gage d'une société respectant les libertés et expressions démocratiques.
Baaba a toujours regretté de n'avoir pas pu accompagner jusqu'au bout la scolarité de mes demi-sœurs, du fait de la frustration née de la pression des prétendants au mariage.
Il leur conseille alors de se perfectionner dans l'un des savoirs hérités de leur maman : « *Avec vos petits doigts en or, allez tresser et*

coiffer les cheveux des autres femmes du village. Vous les rendrez heureuses et vous aurez le diplôme de la première et de la plus prestigieuse des écoles des métiers en voie de disparition ». C'est une belle leçon de philosophie.

Une belle branche de savoir qui donne à chacun, un petit peu de sa sève nourricière.

Première feuille

Et comment s'adapter à des situations nouvelles…

A mon arrivée en France, un nouvel univers s'ouvre à moi. Tout est à construire; même si je crois pratiquer parfaitement la langue des Gaulois, je ne trouve personne pour me donner la réplique.
Une sorte de nouvelle vie s'impose à moi. J'ai un mal fou à comprendre les cours magistraux, alors que les textes écrits ne me posent pas de difficulté.
Moi dont l'oralité irrigue la culture, je me trouve soudain démuni devant quelqu'un qui me parle dans une langue que je ne reconnais plus vraiment. Je trouve que mes professeurs parlent trop vite, avec pour certains, je crois, un accent corse ou marseillais! Je me sens perdu mais je ne doute pas. Dans les premières relations amicales, lorsque quelqu'un me donne rendez-vous pour la première fois en me disant *« A tout à l'heure »,* je pense qu'il s'agit de se contacter plus tard, à l'heure suivante ou demain pour apporter une précision sur l'horaire.
On peut facilement imaginer les quiproquos que cela peut engendrer, d'autant qu'un terme identique en peul, en wolof et en soninké signifie se « *retrouver à un autre moment* ». Une autre expression courante *« A tout de suite »* prête à confusion également : c'est pour moi un moment de rencontre vague et plutôt éloigné. Cela trouve son explication dans notre vécu au village, où l'urgence est mesurable selon le contexte et la signification sociale de l'événement.
Plus généralement, on pourrait dire que les Blancs ont une montre découpée en douze tranches horaires, de soixante minutes chacune, tandis que les nôtres n'en ont que cinq correspondant aux cinq temps de prière quotidienne.
L'influence prépondérante de la religion caractérisée par notre rapport à Dieu omniprésent, nous accompagne au rythme

naturel du soleil, en toutes circonstances, aussi graves soient-elles.

Lorsque j'embarque à bord d'un Boeing d'Air France pour survoler l'Atlantique, c'est un basculement total vers un autre monde. Déjà, lorsque le commandant de bord nous annonce avec précision l'heure de départ à 23 h 59, l'arrivée à 6 h 00 et la température au sol à Paris, tout me paraît être un tissu de mensonges. Impossible de prévoir tout ça sans aucune formulation *« Inch'Allah »* ou *« s'il plaît à Dieu ! »* qui aurait rendu l'information moins docte.

Devant le prodige, en plein vol, je demande à poser des questions au pilote sur trois situations précises : le décollage de l'avion, son « maintien » en l'air et sa vitesse extraordinaire. Une hôtesse vient me chercher, les passagers qui ont vu la scène me suivent d'un regard interrogateur, et je me retrouve dans le cockpit de l'appareil. Une discussion s'engage alors avec le pilote. Je fais le lien, pêle-mêle dans ma petite tête, avec tout ce que j'ai appris dans mes cours au lycée : physique, chimie, dynamique des métaux et des fluides, électricité, électronique et dessin industriel. Bien entendu je reste dubitatif. À l'atterrissage, la parole du chef d'équipage se vérifie : je ressens le froid, il pleut et ma montre marque 4 h00 du matin avec le décalage, que je découvre également avec étonnement.

Lors des formalités à l'aéroport Roissy-Charles-De-Gaulle, je réponds sincèrement au policier qui me demande mon adresse, qui n'est pas celle sous laquelle mon frère m'a fait faire mon passeport : il a donné la sienne. Une discussion s'engage alors, mais l'agent, devant ma naïveté, ne me refoule pas et comprend la situation. Débute ainsi mon « apprentissage » des obligations, parfois étonnantes, de l'administration française.

Mon cousin germain m'accueille pour me conduire à Mantes-la-Jolie où il vit en famille depuis 1974. Sur le chemin, il me raconte sa vie, me parle avec fierté de son travail d'Ouvrier Spécialisé (OS) à l'usine Renault de Flins (Yvelines) où il fabrique des véhicules. J'ai retenu son admiration pour certains hommes politiques français parmi lesquels Messieurs Giscard d'Estaing, Pompidou, Marchais et Mitterrand.

Mais mon esprit est ailleurs. Parmi les incongruités auxquelles je suis confronté, il y a d'abord la lumière électrique en plein jour à la place du soleil, dont je cherche désespérément les rayons.

J'essaie également de comprendre la logique de la disposition des nombreux feux rouges qui fonctionnent sur le chemin de l'aéroport, les indications des destinations des agglomérations, la succession des panneaux publicitaires. La peur de l'accident commence à me saisir. L'emplacement et l'enchevêtrement des ronds-points, la dimension et le tracé des routes et autoroutes rectilignes et goudronnées sont effrayants. Du jamais vu, ces énormes camions remorques transportant des véhicules, des animaux ou ces citernes remplies de matières inflammables dangereuses !

Nous ne croisons aucun être humain sur le trajet, et, au fil des kilomètres, je prends conscience que tout ici, est agencé : les piétons, les cyclomoteurs, les charrettes et les animaux ne sont pas mélangés aux automobilistes comme au Sénégal.

Nous traversons Paris par le boulevard périphérique, enjambons la Seine dont les eaux coulent sous d'énormes ponts avec une impressionnante vue de la « Vieille Dame » de la capitale : la Tour Eiffel. A cet instant, je me souviens de mes cours de géographie sur la France ; c'est sûr, je suis à Paris !

Mon étonnement croît de jour en jour, notamment avec la découverte des immenses tours du quartier du Val Fourré. C'est l'hiver, je découvre pour la première fois de ma vie la neige, ses flocons, et le verglas. De notre salon bien chauffé, je contemple la beauté de cette couche toute blanche qui recouvre la nature et perturbe les activités économiques. Les transports sont bloqués, et les écoles fermées. Cette transformation rapide du paysage m'inspire, je récite à mes neveux, l'un des poèmes de Victor Hugo, l'incipit adressé à sa fille décédée : « Demain dès l'aube, à l'heure où blanchit la campagne… ». Leur maman est morte de rire !

Dieu seul sait combien de vêtements je porte pour me réchauffer ! Manteau, col, écharpe, bonnet et gants chauds, rien n'y fait ; le vent glacial qui me frappe en pleine figure est bien le vainqueur. Je grelotte : hiver glacial auquel je n'arrive pas à m'habituer depuis que je suis en France, froid psychologique aussi, c'est dans ma tête que ça se passe ! Je souffre de toutes sortes de douleurs, migraines et autres rhumes…
Malgré mes nombreuses questions, aucun des immigrés n'est capable de m'expliquer ni le phénomène de formation de la neige ni son processus de transformation. Je finis par avoir la solution de l'énigme grâce à mes camarades de classe. Comble des combles, mes amis me proposent de m'emmener au ski, ils sont vraiment fous ces Blancs de s'amuser sur une luge ou sur les pistes qu'il faut atteindre à l'aide de téléphériques ou de remontées mécaniques. Dans la rue, moi qui suis si costaud, je n'arrête pas de glisser et de m'écrouler par terre à cause du verglas. Entre la rigueur du froid et la chaleur torride d'Ourossogui, mon choix est vite fait : il est vraiment bien loin, mon village !
Dans les domiciles, je m'étonne de la profusion du matériel électronique en plus de la télévision, de l'eau qui coule du robinet d'un geste, sans aucun effort. Au village, il faut porter les *canaris* depuis le puits situé souvent très loin. Les horaires de repas sont trop rapprochés, je n'ai pas le temps d'avoir faim.
Trop de facilités s'offrent à moi ici, et je ne trouve pas cela bon par rapport au travail et à l'effort nécessaires auxquels j'étais habitué dans mon village ; dans ce pays, tout semble « tomber du ciel ».

Les rayons des grandes surfaces sont pleins : le poisson, la viande et les victuailles sont soigneusement rangés dans les réfrigérateurs et autres congélateurs. Ce qui est sans commune mesure avec les difficultés qu'a connues ma mère pour trouver ou conserver certains produits vivriers. *Je réfléchis à ce que j'ai ressenti à ce moment et à la résonance qui s'opère aujourd'hui en moi.*

Dans notre société, peut-on tout prévoir, tout organiser tout anticiper ? Et pour gagner quelle course ? L'adaptation à l'instant, Mmaa l'a en permanence en fonction des rencontres, des situations imprévues qui modifient le cours des événements, mais toujours en privilégiant la personne. Elle m'avait prévenu depuis mon départ pour le lycée : donner toujours le meilleur de soi dès lors qu'on décide de vivre dans un environnement différent de celui qui a bercé son enfance.

Partir loin était envisageable ; être capable de s'adapter à une vie totalement différente n'était pas une tâche aisée. Même si je pensais maîtriser le français, j'ai dû acquérir des codes qu'il fallait décrypter à chaque fois.

Je ne suis pas resté passif et complexé face aux situations rencontrées et j'ai toujours cherché à comprendre en allant au-devant des gens. Rappelle-toi encore ce principe universel : dire « *bonjour* » et poursuivre le dialogue par un « *s'il vous plaît* » est ma façon d'entrer en relation, avec plus de facilité d'ailleurs à la campagne qu'à la ville.

En France, on court après le temps, le temps c'est de l'argent, mais l'argent ne fait pas le bonheur, a-t-on coutume d'entendre. Mais alors c'est quoi le bonheur ?

Organiser mon emploi du temps pour honorer mes engagements dans cette vie fractionnée, minutée a été un apprentissage aussi important que l'acquisition de connaissances nouvelles et universitaires.

Pour le reste, comme les automatismes du quotidien, garder l'équilibre sur un interminable escalator fut pour moi un exercice difficile. Ces faits qui paraissent anecdotiques constituent, en plus des arcanes administratifs, une montagne à franchir pour chaque étranger arrivant sur un sol inconnu, et ce, quel que soit son niveau culturel et social. Faute de pouvoir s'adapter, quelques-uns ont jeté l'éponge et sont repartis en Afrique.

Manger sans avoir faim, soulager immédiatement une douleur, ont été des basculements étonnants et radicaux. Se laver sans être forcément sale, se vêtir au rythme des quatre saisons, se déplacer à toute heure avec des moyens de transport propres ont été également sources de grandes interrogations dans mes rapports aux autres…

A chacun de nous, de donner aux gens que nous côtoyons, dans notre travail ou dans nos activités extraprofessionnelles, la possibilité de ressentir ce qui contribuera à nous rapprocher. Même s'il est parfois ardu d'amener quelqu'un à percevoir son vécu.

Parvenir à une réelle compréhension de l'autre demande des efforts. Connaître d'où il vient et comprendre où il se propose d'aller pour faire route ensemble relève de l'art du dialogue.

Un proverbe sénégalais ne dit-il pas : « *Quand tu ne sais plus où tu vas, retourne d'où tu viens* » ?

Malgré l'hostilité de la nature, le vent capricieux et la pluie rare, cette petite feuille fait face et s'accroche à sa branche.

Deuxième feuille

Et comment certains jeunes, aveuglés par l'illusion de « déjà tout connaître» ne cherchent plus spontanément à apprendre…

Très jeune, j'apprends à labourer la terre, à fabriquer des bijoux, à maîtriser les codes de la société de mon village. Lire et compter avec mon instituteur, chanter ou danser avec mes copains, prier à la mosquée, toutes ces activités me motivent et renforcent encore mon désir d'en savoir toujours davantage…
Pour acquérir encore d'autres connaissances, je dois aller les chercher loin de mon village, puis de mon pays. Bien sûr, ce déracinement nécessaire est difficile et douloureux mais je progresse parce que tout est nouveau, tout est beau. Je perçois toujours comme un honneur d'avoir été choisi pour entrer à l'école des Blancs. Repose sur moi une responsabilité : je dois être à la hauteur de la confiance que l'on met en moi. Je ne veux pas décevoir les maîtres qui m'ont donné la force de poursuivre mon chemin et d'être capable d'accepter la rencontre de l'inconnu, homme ou événement, sans a priori négatif.
A cette époque, l'apprentissage des jeunes est d'abord une affaire d'éducation parentale. Ils sont responsabilisés très tôt, certains parmi les aînés jouent un rôle essentiel. Leur travail est pris comme moyen de valorisation sociale. Dans la famille, nous avons pour mission d'entretenir le petit champ, de seconder nos parents dans le travail de la forge ou de la bijouterie, d'aider aux tâches multiples.
Dans la continuité des traditions, chacune des classes d'âge auxquelles appartiennent les jeunes les positionne à remplir, au fil des années, des fonctions de socialisation. Ainsi, ils se cherchent, progressent dans la vie, et par touches successives, se construisent pour essayer d'être en accord avec leur environnement et avec eux-mêmes. Ils sont reconnus et

existent aussi bien pour eux que pour les autres. La culture et la foi viennent compléter et harmoniser leur personnalité.

Aujourd'hui, même au Sénégal, l'exploitation des enfants est abusive. Il en est qui se retrouvent dans la rue des grandes villes pour échapper à la misère. Ils font des travaux dangereux et très mal payés. Et il y a ceux qui sont confiés à un marabout, comme il était de coutume, pour leur enseigner le Coran, en échange de quelques services ; mais aujourd'hui certains maîtres peu scrupuleux, vont jusqu'à envoyer les *ndongo**** ou *talibee* mendier toute la journée sans rien leur apprendre. Le gouvernement du Sénégal a pris des mesures pour réglementer la mendicité dans les rues des grandes villes, en particulier à Dakar. Mais, c'est oublier que cette situation est le signe visible de la détresse dans laquelle sont plongées les familles qui envoient leurs enfants étudier le Coran. Cette nouvelle loi est d'abord politique, et ne réglera aucunement ce problème car ses causes sont à la fois économiques et sociales.

De même, certains patrons-artisans prennent des jeunes en apprentissage et se contentent de les rendre corvéables à merci, sans aucune rétribution et sans jouer leur rôle de transmetteurs des connaissances. Ces comportements extrêmes sont à dénoncer avec la plus grande vigueur : le système traditionnel est à réglementer.

L'école coranique doit redevenir un lieu austère où l'on apprend simplement à psalmodier la parole mystérieuse d'Allah ; il serait également souhaitable - il y a un consensus des écoles et des *Oulémas* sur ce point - de la traduire dans la langue du peuple. Combien de fois des amis et des proches m'ont rapporté s'être ennuyés, lors de certaines séances de prière, dont les prêches sont dits soit en arabe, soit dans un dialecte qu'ils ne comprennent pas ?

D'autres enfants, des filles surtout, sont confiés à une connaissance, voire à une personne de la famille, pour poursuivre leurs études, mais sont exploités comme domestiques sans salaire ; ils sont dans une situation proche de l'esclavage.

Les relations de confiance entre familles et responsables religieux, basées sur la parole donnée, existaient auparavant. De nos jours, elles sont utilisées par des gens sans scrupules qui profitent de la misère et de la naïveté des parents ainsi que de la fragilité de ces jeunes.

Certaines organisations non gouvernementales comme le Fonds des Nations Unies pour l'Enfance (Unicef), l'Organisation Internationale du Travail (OIT), etc. mènent des campagnes contre ces pratiques en soutenant ouvertement certaines associations locales dans la plupart des pays d'Afrique. Leur combat est nécessaire et méritoire, et je l'approuve totalement.

Cependant, il me semble que les défenseurs des droits des mineurs oublient parfois l'éducation à la responsabilité et à la citoyenneté.

Sans idéaliser les valeurs sénégalaises d'autrefois, je suis souvent amené à faire des comparaisons entre la société dans laquelle j'ai grandi et celle dans laquelle je vis aujourd'hui. Pour trouver un compromis mesuré et sain, j'essaie de saisir ce qu'il y a de meilleur dans les deux modes de vie. Chacun des modèles a ses forces et ses faiblesses, comme tous ceux qui sont amenés à vivre hors de leur pays d'origine, je suis contraint de procéder à des ajustements, à des choix.

Choisir, c'est renoncer. Par exemple, je trouve positif dans la vie en France l'amour du travail bien fait, le désir de progresser, l'égalité des droits, le sens de l'intérêt général, la culture du travail bénévole par solidarité avec les plus démunis.

Si j'ai renoncé à vivre au Sénégal, c'est parce que j'y aurais perdu une partie de ma liberté de parole ainsi que la possibilité de progresser sur le plan socioprofessionnel. Ma vie familiale aurait-elle été ce qu'elle est aujourd'hui ?

Malgré les droits accordés par la société française, et le niveau de vie général acceptable, j'observe ici beaucoup de français et d'immigrés vivant dans un profond mal-être. Au cours de mon travail d'accompagnement, je note que les élèves côtoyés au quotidien reçoivent souvent beaucoup sans contrepartie, y compris dans les milieux les moins favorisés. L'enfant fait la loi, l'enfant est roi. Pourtant Françoise Dolto, en 1976, dans une de ses émissions sur France Inter, avait prévenu : *« L'enfant, dès sept ans, doit être responsable de ses actes, il doit tout savoir des difficultés de l'existence... »*.

Que penser de certains parents en situation de très grande précarité, mais qui font tout, pour que leur progéniture ne manque de rien ? Hélas, le développement de « l'avoir » s'est accru aux dépens de « l'être ». Le manque d'affection dont ils ont souffert, souvent reproduit sur leur propre descendance, ne saurait être comblé par la seule satisfaction des désirs de leurs enfants. On ne se rend pas compte, mais avec le temps, ce trop-plein de sollicitude, dès leur plus jeune âge, les étouffe et les démotive. A terme, il peut y avoir danger pour certains de ces jeunes habitués très tôt à l'argent facile. Ils ne peuvent acquérir peu à peu leur autonomie, leur indépendance, leur liberté. Privés de frustrations, même minimes, ils ne sont pas obligés de sortir d'eux-mêmes pour aller chercher ce qui ne peut être acquis que par leurs propres efforts.

C'est ignorer que le bonheur n'est point dans le matériel !

L'école est obligatoire en France, elle ne l'est pas au Sénégal.

Bien souvent, être obligé de faire, tue l'envie de faire. Les enseignants ont du mal à transmettre leurs savoirs à des jeunes, qui ont certes la chance d'avoir les fournitures scolaires et les moyens adéquats à disposition, mais qui n'ont pas soif d'apprendre. En peul ne dit-on pas : *« Moj cukalel so jaangaama »* ou *« Ne couvre l'enfant que s'il a froid »*. Ou encore ce dicton français, *« on ne fait pas boire un âne qui n'a pas soif »*. Les jeunes d'aujourd'hui ne perçoivent l'acquisition de connaissances ni comme un épanouissement ni comme un moyen pour trouver sa voie propre. Il est vrai que le diplôme ne suffit plus pour gravir l'échelle sociale. Il y a beaucoup trop de variables pour que l'équation *« réussite scolaire égal ascension sociale »* fonctionne véritablement.

Et même. Je me souviens des paroles fortes tenues par Jean-Marie Petitclerc lors d'une conférence organisée dans le cadre d'une journée pédagogique au collège-lycée Saint-Exupéry : le

prêtre salésien, éducateur, l'a rappelé avec conviction : réussir dans la vie ne signifie pas forcément réussir sa vie. De ce point de vue, la réussite sociale n'est pas une motivation dans la mesure où la société n'est pas toujours rassurante. En Afrique, on ne dit pas qu'un jeune « *est allé en ville faire des études* », mais plutôt qu'il « *est parti ailleurs chercher des connaissances* ».
Ce voyage pouvait le mener loin, jusque dans les temples des savoirs en pensant qu'il allait revenir instruit, ce qui n'est plus le cas aujourd'hui. Il y a une nuance entre ces deux concepts. Ecole coranique et école française sont, toutes deux, des écoles des savoirs complémentaires : dans l'imaginaire social, elles permettent de devenir quelqu'un.
Il n'y a pas de hiérarchie des connaissances enfermant dans un confort moral et intellectuel : ce que l'on a appris aujourd'hui pourra toujours servir un jour ou l'autre en fonction des circonstances, des besoins et des intérêts.
Dans le monde d'aujourd'hui, j'ai le sentiment que les rapports entre les individus ne sont pas naturels, spontanés : regarder l'autre avec attention est bien peu pratiqué. La société actuelle attise, dans nos villes et nos campagnes, la solitude et la suspicion organisées. Elle retranche chacun chez soi, dans son quartier, dans sa maison, dans son immeuble. Rien à voir avec le système de partage, de solidarité et d'entraide qui existait dans les familles rurales françaises, notamment entre les paysans de la Beauce, il y a un siècle par exemple.
Véritables temples de la consommation, les centres commerciaux sont ces lieux, où tout le monde peut se croiser sans se rencontrer, se regarder sans se voir vraiment. Ce sont plus des refuges que des lieux de socialisation. Certains, comme pour fuir leurs responsabilités et cacher leur peur, vont regarder les vitrines alléchantes pour acheter, d'autres y vont pour rêver ou pour zoner. Les jeunes sont en permanence sollicités par les publicités, qui vantent le dernier gadget informatique à la mode, dont ils ne peuvent soudain plus se passer, et qu'ils doivent posséder à tout prix. Happés par cette spirale infernale, leur

désir matériel devient quasi existentiel : l'illusion d'être quelqu'un fonctionne en continu.

Depuis quelques années, entre Noël et le Jour de l'An, ces comportements me heurtent : de longues files d'hommes et de femmes portent des paquets dans leurs emballages devant les Services Après- Vente (SAV) des grandes surfaces pour revendre des cadeaux reçus. Il y a aussi cette annonce découverte dans le métro de sites Internet spécialisés. Ces clients viennent y échanger, y troquer certains cadeaux de Noël qui ne leur plaisent pas. Comment concevoir moralement que l'on puisse agir ainsi ?

Toute valeur affective est balayée d'un revers de la main. L'objet seul domine, en raison de son unique valeur marchande. Ce service ainsi proposé répond à un besoin, il faut donc prendre du recul par rapport à ces offres qui correspondent forcément à une demande.

Comment en sommes-nous arrivés à ce mépris de l'autre, en ne regardant en lui que ce qu'il nous tend de sa main, et non pas sa main elle-même ? Ce n'est pas ma conception de la fête de la Nativité, qui est ainsi dépouillée de sa signification religieuse et réduite à une simple marchandisation des présents : c'est moralement injuste et socialement inquiétant. Il est grand temps de se ressaisir ! La télévision, Internet, les nouvelles technologies de l'information et de la communication, se font les relais parfaits de la société de consommation basée sur des apparences. Nous nous connectons et dialoguons avec des personnes situées à des milliers de kilomètres, mais nous sommes incapables d'adresser un simple bonjour à notre voisin. Ces nouveaux outils, en plus de géolocaliser nos faits et gestes quotidiens, engendrent de nouveaux besoins d'aucune nécessité et déshumanisent nos relations. Un peu plus chaque jour.

La solidarité ne semble plus être la valeur la mieux partagée, parce que la compétition économique est passée par là. Comment « être le meilleur en écrasant l'autre » est a priori la norme qui s'impose. Si les adultes ne se posent pas en exemples

de résistance face à ces fausses valeurs, comment les jeunes pourront-ils porter des convictions en eux, et les faire grandir ?
Que pouvons-nous faire ?
Notre planète à l'échelle de l'univers étant minuscule, nous sommes faits pour nous côtoyer : essayons d'imaginer un instant que nous vivons dans un petit village. Quoi de plus simple alors que de traverser le chemin pour entamer un dialogue : quelqu'un est là, qui vous regarde, vous sourit et voilà, c'est tout simple, l'échange peut débuter.
Et puis, il y a ces temps de trêve et d'arrêt où, une fois posé, on se rend compte que chaque jour qui passe, chaque jour vécu est une victoire sur les embûches de la vie. Nous entendons tous les jours cette réflexion de la bouche de personnes malades, seules ou en difficulté psychosociale. Être capable de ressentir les minuscules plaisirs lorsqu'ils se présentent, saisir toutes les opportunités, c'est comprendre que c'est la somme de toutes les actions du quotidien qui donne du sens à la vie. Alors, loin du repli sur soi, nous saurons taire nos petits égoïsmes et gagner en solidarité.
Ma foi et ma confiance en l'homme me poussent à interpréter toujours positivement les événements qui traversent mon quotidien. Mes amis me le reprochent parfois, mais je préfère mettre mon énergie et ma force à analyser les situations, à les comprendre, à trouver les éléments d'équilibre, plutôt que d'accuser la société d'être responsable de mes difficultés personnelles.
C'est connu, on reçoit ce qu'on a donné.
Bien sûr, l'éloignement de ma terre natale me pèse, et j'ai le mal du pays. Cependant, l'aiguille de ma boussole intérieure tourne toujours vers l'optimisme, comme mon petit tapis de prière orienté vers l'Est.

Feuille « je sais tout » qui regarde toujours le soleil pour ne pas se bercer d'illusions.

Troisième feuille

Et comment passer d'un lien social à un engagement politique sans perdre son libre arbitre...

C'est dans la douleur que j'ai quitté la ville de Mantes-la-Jolie, pour me rapprocher de mon lieu de travail. Ville de toutes les rencontres, en particulier celle du cœur, je suis resté attaché à cette commune des Yvelines au passé prestigieux et qui porte bien son nom. La nature ayant horreur du vide, j'ai très vite pensé qu'il ne me restait plus qu'à reproduire, sans toutefois les copier systématiquement, les initiatives mises en place dans le Mantois.
Certes, je ne peux oublier ce qui reste une expérience unique, mais je décide de tout mettre en œuvre pour trouver ma place à Montigny-le-Bretonneux. A la faveur de l'accueil chaleureux d'anciens amis qui nous avaient aidés à nous installer, les portes se sont ouvertes petit à petit. Déjà les liens entretenus avec les collègues et les parents d'élèves du collège-lycée Saint-Exupéry se renforcent. Au quotidien, je les croise dans nos lieux de vie désormais communs (école, médiathèque, gymnase, gare, centres commerciaux, théâtre…). Je m'investis dans le tissu associatif local : Saint-Quentin Solidarités (SQS), Ensemble Pour une Planète Solidaire (EPPS), Groupe Interreligieux pour la Paix (GIP78), la Sauvegarde de l'Enfance et de l'Adolescence des Yvelines.
Et puis, un jour de novembre 2007, je reçois un appel de Michel Laugier, maire de Montigny-le-Bretonneux, qui souhaite me rencontrer. Pensant devoir fournir une recommandation pour l'inscription d'un élève dans mon école, contre toute attente, l'édile m'annonce bien autre chose : dans le cadre des prochaines élections municipales, il doit renouveler la moitié de son équipe actuelle et me propose de l'y rejoindre. La campagne électorale est pour bientôt, le premier magistrat de la ville

m'explique son projet pour la commune. S'ensuit un lourd silence.

A la fois honoré et surpris de la proposition, je lui précise spontanément que je n'ai jamais fait de politique et que ma sensibilité supposée de gauche peut être un obstacle dans une équipe de droite. Sa réponse est claire : *« je n'en vois aucun et je vous propose le vingt-septième rang, en bonne position d'éligibilité. Je ne vous demande pas de faire de la politique. Vous êtes quelqu'un qui a fait ses preuves à Mantes-la-Jolie dans la vie associative, culturelle, sociale et économique. Vous y avez fait vivre des projets avec des hommes et des femmes d'origines sociales et culturelles différentes, mais animés d'un même idéal.*

Par ailleurs, au collège lycée Saint-Exupéry de Montigny-le-Bretonneux, vous savez écouter et accompagner les jeunes. Je fais appel à vous pour toutes ces raisons, c'est ça la politique, être au service de sa ville et de tous ses habitants dans l'intérêt général ». Voilà qui est dit, les événements se sont enchaînés et, au terme du scrutin de mars 2008, la liste « *Montigny-le-Bretonneux Ensemble* » pour laquelle j'ai été sollicité a été élue dès le premier tour.

Tout est allé très vite pour moi. Je suis désormais conseiller municipal. Je propose de faire partie de deux commissions réglementaires : dans la commission famille, culture, sport, scolaire, je représente la mairie aux conseils d'écoles. Avec les Relations Internationales, je découvre la longue et riche expérience du jumelage de notre commune avec six villes européennes. Administrateur du Centre Communal d'Action Sociale (CCAS), je participe, avec des associations à caractère social, à l'étude de dossiers traitant des situations humaines souvent difficiles. Nous nous occupons aussi de l'amélioration des conditions de vie des seniors, des handicapés et des jeunes.

Dans un premier temps, j'ai tout d'abord essayé de comprendre le fonctionnement et les obligations d'une équipe municipale. Avec mes collègues du conseil, je vote les propositions de décisions inscrites à l'ordre du jour de la séance. Comme dans toutes les démocraties du monde, l'acte politique le plus important pour un maire est l'adoption du budget de sa commune après le traditionnel débat d'orientation budgétaire. Pour appréhender les nombreuses procédures, je peux compter sur le professionnalisme et l'accompagnement des agents de notre administration territoriale.

Nommé Président du Conseil du quartier de Saint-Quentin, le plus difficile a été l'harmonisation de mon agenda entre vie familiale, professionnelle, associative et politique, pour être à la hauteur de cette mission qu'a bien voulu me confier Monsieur le Maire. Créer du lien social - fêtes de quartier, fête des voisins, soirée des galettes des rois, accueil des nouveaux habitants et café des parents - améliorer le quotidien des habitants de ce quartier d'affaires, le plus attractif et le plus complexe de la ville par sa composition sociologique, sont quelques-uns des défis à relever. Je mène ce travail avec les quinze conseillers de quartier que j'ai l'honneur de diriger.

Au sein de la Communauté d'Agglomération, je représente ma commune à la Commission Emploi - Prévention - Insertion. Ces affectations correspondent aux expériences que j'ai déjà menées par ailleurs.

Après trois années d'exercice, à mi-mandat, le bilan me semble positif, les dossiers traités me sont familiers, dans la mesure où ils sont inhérents à la vie des résidents.

Je me suis toujours intéressé aux mécanismes de fonctionnement de notre système administratif et à la responsabilité des fonctionnaires qui l'animent. Ils sont le miroir des choix politiques des élus.

Devenu officier d'état-civil sur décision du maire, je suis habilité à célébrer les mariages. Et, lors de ma première célébration à l'Hôtel de Ville, j'ai ressenti beaucoup d'émotion devant la solennité de l'événement, et de fierté par rapport à mon parcours.

Et puis cette anecdote : un soir, comme tous les pères de famille qui ont le plaisir d'entendre leurs enfants raconter leur journée, quelle ne fut pas mon embarras de devoir répondre à une question bien embarrassante d'Issa : « *Dis papa, c'est quoi le travail d'un conseiller municipal, tu fais quoi à la mairie ?* ». Il avait quatre ans…

L'année 1993 est celle où j'ai reçu de la préfecture des Yvelines un refus de délivrance d'un titre de séjour signifié par un Arrêté de Reconduite à la Frontière (ARF). J'ai pu faire annuler la décision grâce à la mobilisation de plusieurs amis : le soutien sans faille de mon employeur, les courriers d'appui de Jean-Charles Thomas, évêque des Yvelines et du député du département. Sous la houlette du Père Baudouin, la presse a été alertée et des pétitions ont été organisées en ma faveur. Toutes ces actions ont permis de faire aboutir le recours suspensif adressé au tribunal administratif de Versailles qui a débouté le préfet de l'époque.

Aujourd'hui encore, je ne peux m'empêcher de me remémorer les épisodes qui ont précédé mon accession à la nationalité française en 2002.

C'est avec ce passé bien présent en tête que j'ai été amené par mes nouvelles fonctions à remettre en mai 2009, à la préfecture de Versailles, leurs certificats de naturalisation à des étrangers ignymontains (habitants de Montigny-le-Bretonneux) recevant la nationalité française. Quel pied de nez au destin lorsque, dans la salle de réception, Claude Erignac, les autres élus des communes des Yvelines et les récipiendaires ont marqué leur étonnement en me voyant passer l'écharpe tricolore !

Au quotidien, rien n'a changé en moi, et pourtant le simple port de l'insigne tricolore des élus municipaux français a profondément modifié ma relation aux administrés. Je le vois lors des cérémonies officielles organisées par la commune. C'est là, que guette le danger : être capable de résister aux sirènes de la renommée !

Avec cette expérience politique heureuse, j'entends contribuer à la gestion et à l'amélioration des conditions de vie des habitants pour que Montigny soit vraiment « *La Ville qui vous va bien* ».

Exercer les fonctions d'élu ne s'inscrit pas pour moi dans une quête de pouvoir, mais constitue une occasion d'être au service des autres. Réussir dans cette mission demande humilité, dévouement et engagement pour l'intérêt général. C'est faire de la politique au sens noble du terme.

Petite feuille acrobate qui tient fermement son bâton d'équilibriste sur le tronc solide du baobab.

Cinquième branche

Le vivre ensemble…

Pourquoi quitte-t-on son pays ?
Pourquoi choisit-on de vivre en France et comment y reste-t-on, en y étant accepté ?
Les modèles occidentaux qui excitent les convoitises sont-ils réellement les plus épanouissants pour l'Homme ?

Pourquoi part-on à tout prix, parfois dans des conditions dramatiques ? Car pour beaucoup de candidats à l'immigration, l'illusion et les rêves du départ ont pris fin avec le naufrage de leurs embarcations à jamais englouties.
Pourquoi ce départ avec comme seul bagage sa force physique, son savoir, ses talents, sa culture sportive ou musicale ?
Que t'inspirent la présence des sans-papiers, les cris des naufragés de *Lampedusa* et de ceux qui ont risqué leur vie pour te rejoindre dans ton pays ? Comment perçois-tu ces images insoutenables d'hommes, de femmes, d'enfants fuyant leurs pays, chassés par le climat, la misère, la guerre ou la persécution ?
Le paradoxe de l'Afrique c'est d'avoir d'importantes ressources naturelles auxquelles la population ne peut avoir accès.
Le système économique occidental s'est imposé partout comme la norme du développement. Pour ceux qui vivent dans les pays pauvres, ce modèle apparaît comme un rêve irréalisable chez eux. Aussi, les plus jeunes, les plus dynamiques cherchent-ils à partir à tout prix, parce qu'ils n'ont pas l'espoir de trouver une vie acceptable dans leur pays.
Les raisons et les motivations pour chaque candidat à l'immigration sont aussi multiples et complexes que les diversités culturelles des hommes et des femmes qui vivent parmi nous. Les plus visibles sont d'ordre économique (la misère) et politique (les demandeurs d'asile).

Tant qu'il y aura des émeutes de la faim et des manifestations contre la vie chère, le désir d'émigrer se fera sentir.
Voyager est aussi, pour certains, une façon de relever un défi. L'immigration traditionnelle existe depuis longtemps chez les soninkés où elle a fait ses preuves. Elle se traduit par ce vieux proverbe typique et bien connu dans leur milieu : « *Dalla gunnee ampasu kallee* * » ou littéralement « *Il vaut mieux rester longtemps à l'étranger que de mourir au village* ».
Alors que leurs terres regorgent de richesses minières et pétrolifères, des populations de l'hémisphère Sud souffrent, quels que soient les qualificatifs convenus du moment. Je vous laisse l'embarras du choix : Tiers-Monde (TM), Pays Sous-développés (PSD), Pays en Voie de Développement (PVD), Pays les Moins Avancés ou Pays les Moins Industrialisés (PMA, PMI), Pays Pauvres Très Endettés (PPTE)… Soigneusement choisi, chaque sigle est riche d'enseignements et cache des réalités humaines souvent dramatiques.
Certains termes ont été conçus au moment de l'indépendance des pays concernés. A l'image du médecin de Molière qui se satisfait de donner un nom à la maladie sans chercher à la soulager, tous ces termes révèlent surtout le manque de volonté politique réelle de réduire les inégalités et toutes les formes d'injustices dans le monde.
Que s'est-il passé pour en arriver là ? Les raisons avancées sont multiples : déficits énergétiques et hydrologiques, déforestation, prédominance et exigences des bailleurs de fonds, corruption et népotisme.
Dans certains pays africains, les bonnes grâces du pouvoir sont obtenues en contrepartie de services occultes. En toute impunité. Et que dire du pillage systématique des ressources minières et halieutiques par des sociétés étrangères, avec l'accord de certains gouvernants, sans aucun bénéfice pour les populations locales ? Quant à « *la détérioration des termes de l'échange et la hausse des prix des matières premières et des denrées de première nécessité* », c'est au collège que j'ai entendu ces deux concepts pour la première fois de la bouche de Senghor.

L'Afrique mérite mieux que le traitement qui lui est fait aujourd'hui : pour les millions d'habitants qu'elle représente, ce n'est pas juste que sa place et sa représentation dans les instances internationales - Organisation des Nations-Unies, Organisation Mondiale de la Santé, Organisation Mondiale du Commerce - restent consultatives ou à titre d'observateur. Plusieurs études montrent que la dépendance économique du franc CFA (Comptoir Franco-Africain) n'est ni plus ni moins que le joug colonial qui lie encore le vieux continent aux grandes puissances financières occidentales.
Beaucoup de trains sociaux sont depuis restés en gare. A tel point que Baaba m'a dit un jour regretter l'époque des colons, car les conditions de vie étaient bien meilleures que celles d'aujourd'hui. Il est vrai que depuis, il y a eu un énorme changement climatique et un accroissement de la population. Mais une mauvaise gestion et un manque cruel du sens de l'intérêt général sont aussi à l'origine de la situation actuelle du Sénégal.
Dans la nuit de la Saint-Sylvestre, la Place de l'Indépendance de Dakar est illuminée par des feux d'artifice et autres pétards. Les images sont grandioses et n'ont rien à envier à celles de certaines capitales européennes.
Pendant ce temps, beaucoup de localités de l'intérieur du pays sont plongées dans le noir le plus total, plusieurs heures durant : la débauche de lumière dans la capitale sénégalaise entraîne des délestages et des coupures d'électricité.
Heureusement que les populations, toujours fatalistes, ont inclus dans leurs vœux de nouvel an le prompt rétablissement du courant électrique.
Cette situation absurde, qui n'est malheureusement pas propre au Sénégal, rend chaotique l'économie déjà vulnérable de tout un pays.
Car, à l'heure du bilan du cinquantenaire de son indépendance, le modèle de développement socio-économique de l'Afrique est à revoir. Des spécialistes plus autorisés ont soutenu des thèses d'Etat sur le sujet. Certains Africains sont aujourd'hui des cadres dirigeants mandatés par leurs gouvernements auprès des

décideurs et autres organismes financiers de la planète : le Fonds Monétaire International (FMI), la Banque Mondiale et les autres institutions financières de Bretton Woods sont leurs employeurs. Nous sommes de la même classe d'âge ; ils ont à leur actif l'élaboration de plans d'ajustement structurel censés faire décoller les économies africaines. Sans aucun procès d'intention, ils sont responsables et complices de cette situation. Parce que le tableau est trop noir, les attentes sont trop énormes. On entend ici et là trop de cris de souffrance, il y a trop d'injustices, de maladresses et d'incohérences dans la mise en œuvre des projets de développement. Les émeutiers de la faim sont assoiffés de justice sociale. Pendant combien de temps laisseront-ils encore durer cette tromperie intellectuelle dénoncée maintes fois ?

L'immigration est la réponse individuelle à cet état de fait.

Immigration contrôlée, immigration choisie, immigration économique…, aucune mesure, aussi draconienne soit-elle, ne pourra empêcher les flux migratoires.

Ceux qui partent n'ont pas d'autres possibilités ; aussi y mettent-ils toute leur énergie, qui est parfois celle du désespoir. Déjà dans les pays d'origine, il n'existe ni cadre réglementaire ni mesures d'accompagnement pour bien préparer les voyages. Et malgré les mises en garde, les jeunes veulent quand même essayer de réussir leur vie ailleurs. Ils se dirigent d'abord vers leurs capitales où ils viennent grossir les rangs des chômeurs de banlieues déjà surpeuplées. Alors, ils continuent leurs chemins plus loin, en prenant les risques les plus osés. Ceux qui partent de l'Afrique subsaharienne choisissent souvent de venir en France pour des raisons historiques et culturelles.

Auparavant, ce départ était conçu comme transitoire, de nos jours, la crise aidant, beaucoup cherchent à s'installer durablement, non sans douleur. Ce que confirme Samba Touré : *« L'immigration est toujours vécue comme une blessure pour le voyageur et pour sa famille, blessure qui ne cessera qu'avec le retour ».*

Sans les quatre autres, cette cinquième branche n'existerait pas…

Première feuille

Et comment notre société est malade de ses contradictions...

Que se passe-t-il aujourd'hui, en Occident ?
La richesse matérielle est une fin en soi. Seule la valeur du travail rémunéré prédomine. Ceux qui « existent » sont ceux qui ont un emploi, or leur bonheur n'en découle pas forcément. D'ailleurs, l'actualité nous renvoie au quotidien à ces nouveaux pauvres surendettés qui travaillent, mais sont poussés par la société de consommation à dépenser plus qu'ils ne gagnent.
On n'est plus capable de distinguer le futile de l'utile ou de l'indispensable. Sans porter de jugement sur leurs histoires personnelles, certains d'entre eux sont victimes du système socio-économique qui les fragilise. Là aussi, plus que tout, encore une fois, seul compte l'aspect financier. La détresse et la souffrance psychologiques en sont les signes les plus visibles. Et, comme pour les enfoncer davantage, leur situation ne correspond à aucun traitement par nos services sociaux, qui sont trop formatés à l'avance pour pouvoir s'adapter aux cas personnels.
En France, dans le champ social que j'ai pu arpenter, plusieurs études montrent une évolution des concepts de médiation, déclinés désormais en médiations sociale, culturelle, familiale, scolaire... sans parvenir néanmoins à sortir certaines personnes de leurs souffrances quotidiennes. Un phénomène nouveau est la judiciarisation de la société : le recours à la justice pour un oui ou pour un non, même contre l'administration. Le montage de tout dossier simple se complexifie.
Dans nos administrations, nous oublions souvent que l'usager, cet être humain ne doit pas être réduit à un numéro ou à une fonction.
Là aussi, il y a des ajustements à faire, c'est l'histoire qui fait les lois et non l'inverse.

Dans notre société moderne, si chacun a la liberté de choisir son emploi, il n'en a pas toujours les moyens ; en outre, la tendance consiste à mettre l'individu dans des cases de plus en plus étroites, qui l'étouffent. Plutôt que d'être cantonné, parqué, l'être humain multiple doit être pris dans son intégralité. La société doit donner à l'homme la possibilité d'être considéré dans sa globalité.

Le salarié, immigré ou non, n'est pas uniquement une force de travail, il est aussi une culture, des valeurs familiales avec leurs vertus et leurs faiblesses. Ses spécificités et ses capacités personnelles doivent être prises en compte.

Baaba, en bon psychologue, cultivait la proximité et le respect avec chacune des bêtes auxquelles il était tant attaché : *« On ne compose pas avec un troupeau de chèvres comme avec un troupeau de chameaux »,* disait-il avec insistance.

Le citadin, à cause des logiques territoriales et urbanistiques, n'imagine pas la subtilité de ce lien. Mais on peut déjà attirer son attention sur le sens à donner à son existence, et l'inciter à réfléchir à la relation qu'il entretient avec les êtres vivants. Les animaux de compagnie nous le rappellent chaque jour. Entre le malvoyant et son chien-guide, les véritables prodiges obtenus sont souvent le résultat d'une longue relation de confiance, établie puis entretenue.

En ce sens, dans sa relation aux autres, l'homme n'est pas dans une toute-puissance : de tout temps, la modestie et l'altruisme ont été ses meilleurs conseillers.

Renouons le contact avec la nature. A l'heure des « Grenelle de l'environnement » et autres campagnes écologiques pour sauver la planète, que laisserons-nous aux générations futures ?

Au Sénégal, lorsque, enfant je vivais au village, le silence était une paix intérieure. On s'accommodait du bruit incessant des animaux, des jeux des enfants, des salamalecs. J'en éprouvais du bien-être.

Aujourd'hui, l'agitation de notre société est assourdissante et je perçois la nécessité d'un certain calme équilibrant. Les crissements mécaniques, électroniques et autres détonations des marteaux-piqueurs masquent les voix des hommes. Leurs puissants décibels prennent le dessus avec des conséquences incommensurables sur notre santé. L'automate vocal remplace la standardiste, les « accueils » sont de plus en plus déshumanisés, au nom du seul profit. Une des tares de notre société, c'est que partout l'économique semble prendre le dessus sur l'humain. La machine prend le pas sur l'homme et se rend indispensable.

Le quotidien de ceux pour lesquels on a pensé ce système ne s'est pas pour autant amélioré : les progrès scientifiques et techniques, qui sont à finalité économique, ne contribuent pas forcément au bonheur humain.

Combien de fois ai-je reçu des témoignages d'hommes et de femmes manifestant leur joie d'avoir quelqu'un au bout du fil ?

Il ne s'agit pas de refuser le progrès en bloc, mais d'en limiter les effets pervers. Et que dire de toutes les formes d'arnaques que l'on rencontre sur les sites Internet ou autres forums sociaux, par exemple ?

Comment alors ne pas entendre une voix étrangère comme celle d'un être humain d'abord ? Plutôt que de vouloir le « *toujours plus* », imaginons ensemble le « *toujours mieux* ».

Bien sûr, on peut avoir le sentiment que le mieux de l'un, tout en étant différent, n'en est pas moins inférieur. Je me réfère souvent au concept d'une société du « *donner et recevoir* », cher à Senghor, dans lequel la relation gagnant-gagnant est privilégiée.

Aujourd'hui en France, les jeunes vont à l'école par obligation, et bien souvent ne sont pas motivés. Ils ne sont valorisés que par les notes, ils n'existent que par le classement aux examens et concours. Leurs parents sont souvent aussi dans le même esprit de compétition, souvent excessif. Ne pas mettre les jeunes sur un piédestal, mais les confronter à la vie avec ses contraintes et ses exigences. Apprendre autre chose qu'être le premier à tout prix, savoir regarder autour de soi et prendre conscience de sa responsabilité sociale. Les parents, soucieux de l'avenir de leurs enfants, doivent poser les règles, base de l'éducation. Se cantonner exclusivement dans le rôle de distributeurs automatiques de biens matériels immédiats n'est pas ma conception de la construction d'un adolescent.

La responsabilité incombe aux adultes qui ne présentent aux enfants qu'une seule facette du monde, la meilleure.

Rester chacun chez soi, sans quitter son univers familial, donne une vision restreinte de la réalité. Alors, osons ouvrir nos portes, il y a des « cœurs à prendre » sans forcément aller plus loin que notre environnement immédiat. Le bonheur se trouve souvent là où on ne le cherche pas.

Arrêtons-nous un instant sur la situation du travail social et de la longue chaîne qui va des pouponnières aux personnes âgées en passant par les jeunes en maille avec la justice, les handicapés mentaux aptes ou inaptes au travail, les femmes battues, violées. Comment, dans une société où l'espérance de vie est de plus en plus longue, ne valoriser que les personnes valides ? Et sur le marché du travail, qu'en est-il des quinquagénaires qu'on trouve trop vieux, trop expérimentés pour retrouver une activité salariée ?

Chaque personne a pourtant aussi son rôle à jouer, la fougue des jeunes et l'expérience des aînés sont complémentaires pour une société en quête d'équilibre.

« En Afrique, un vieillard qui meurt, c'est une bibliothèque qui brûle[8] », dit Amadou Hampaté Bâ.

Les sociétés occidentales rassemblent ceux qu'elles disent appartenir au quatrième âge dans des maisons-ghettos où, bien souvent, rien ne leur est plus demandé, alors que justement ils ont énormément à transmettre. Cette forme de maltraitance dont sont victimes certaines personnes vulnérables est la conséquence d'un monde malade. Même si les efforts dans le travail social sont notoires, la professionnalisation du service à la personne est à revoir. Car, en effet, comment ne pas comprendre la nécessité de créer, de cultiver et de faciliter les relations intergénérationnelles. Se sentir utiles les uns aux

---

[8] Sentence prononcée en 1960 lors d'un discours à l'UNESCO.

autres, ne peut que nous faire encore progresser ensemble, en nous enrichissant de nos relations et de nos parcours respectifs.
Où est finalement ce bonheur tant convoité ? Personne ne semble l'avoir découvert, mais tout le monde le cherche. Il est là, mais nous ne le voyons pas, parce qu'insatisfaits et aveuglés par nos exigences, nous ne l'apprécions pas.
Nos modes de fonctionnement diffèrent et sont complémentaires. Comme l'a écrit Senghor, le chantre de la négritude : *« La raison européenne est analytique par utilisation, la raison nègre est intuitive par participation »*. A travers leurs études, leurs voyages et leurs expériences, certains ont déjà fait leur synthèse personnelle de ces deux styles de pensée. Cependant, une constante se vérifie dans tous les pays et tous les continents : dès lors que les uns ou les autres se lancent dans la course aux biens matériels, leur seul objectif est de se positionner au plus haut de l'échelle sociale. La peur de perdre ce qu'ils croient être essentiel (argent, pouvoir …) les aveugle et les rend malheureux.
C'est alors qu'apparaît la fracture sociale, la perte des valeurs fondamentales que sont la solidarité, la foi et la croyance en l'homme. Voilà le danger à éviter à tout prix.
Un autre chemin est possible.
Dans le village de mon enfance, le poids de la famille s'exerce sur chaque individu. L'enfant est responsable de ce qu'il reçoit et de ce qu'il en fera. Aucun enjeu économique ne vient troubler les relations sociales, basées sur la confiance. La parole est le lien unique qui scelle un accord.
L'éducation, évidemment, est la poutre maîtresse de la société, elle est le lit du savoir.
Lorsqu'elle est inexistante, l'individu reste dans l'ignorance et ne peut que très difficilement se construire. Perdu dans une société normative, il ne sait pas qui il est, ses repères sont flous. Alors, où trouver les principes et les valeurs de cette éducation fondamentale ?

Dans cette recherche, trois images me reviennent :
D'abord, comment ne pas penser à mon maître Monsieur Dia ? A Ourossogui, le pulaar, la langue vernaculaire des Toucouleurs, est majoritaire. Petit à petit, Monsieur Soulèye Dia a appris à ses élèves à lire avec leur cœur et à aimer le français, la langue dominante. Tout au long de ma scolarité, il fallait ainsi poser cette première brique de connaissances pour ensuite les empiler les unes sur les autres. C'est l'étape nécessaire avant de s'approprier ce qui deviendra pour mon pays la langue officielle de travail. C'est à mon instituteur de talent que je dois tout.
Le jour où j'ai été choisi pour franchir le seuil de l'école française, ma vie a basculé, mon horizon s'est élargi. Il ne s'agissait pas seulement d'acquérir des savoirs, mais de développer tous mes sens cognitifs, d'apprendre à réfléchir vite dans l'une des langues parlées avant de donner une réponse cohérente dans une autre.
La nature humaine généreuse nous surprend tous les jours et nous prédispose à toutes les intelligences. J'ai bien reçu le don de l'acte pédagogique, mais parce qu'il est inachevé, je m'efforce de le développer tous les jours, dans toute la dimension et la rigueur intellectuelles qui s'imposent.
Mes camarades, qui n'ont pas eu la chance de poursuivre leurs études, se souviennent des qualités multiples de notre maître. Sa personnalité a marqué plus d'une génération.
C'est grâce à lui que je suis aujourd'hui capable d'écrire ce livre. Ses méthodes transmises avec amour ont jeté les bases de mon parcours, et m'ont conduit à traverser l'océan avec comme seul bagage mon capital scolaire.
Nous en appelons ensuite à Baaba, qui porte le tronc, l'écorce, les feuilles et les branches du baobab vers le ciel. En l'élevant ainsi, il puise la sève nourricière et irrigatrice des racines de l'arbre séculaire dans la profondeur de la terre rougeâtre d'Ourossogui. Dans la pure tradition peule, on l'appelle le *Jalal sudu* ** ou *le mur porteur*.
Qu'aurait-il répondu si on lui avait posé la question suivante : que fais-tu dans la vie ? Il aurait bien sûr rétorqué : « *Je suis fils de bijoutier* ».

Cette réponse ne correspond pas seulement à l'exercice du métier. Elle va bien au-delà et sous-entend que ce qu'il est, incarne la voix et les mains de son père, dont il perpétue l'œuvre.

Ses connaissances acquises au fil du temps viennent aussi de ses diverses rencontres, de celles ou de ceux qui lui commandent la fabrication d'un bijou, du partage des savoir-faire avec les autres artisans.

Et enfin, rappelons-nous la grande capacité d'écoute de Mmaa. Au fil du temps, elle a traversé des moments difficiles, sa nature profonde l'a toujours incitée à s'efforcer de résoudre les différends. Chacun d'entre nous a été confronté, à un moment donné de son existence, à des périodes d'incompréhension, de doute, de tension. Où trouver l'énergie et la force indispensables pour les surmonter ? C'est là qu'intervient la nécessité d'échanger avec l'autre, sa singularité, son parcours particulier, son identité propre.

Jean Jaurès l'avait dit : «... *On n'enseigne pas ce que l'on sait ou ce que l'on croit savoir : on enseigne et on ne peut enseigner que ce que l'on est* ».

Par nos comportements, nous sommes tous responsables de ce qui nous arrive. C'est donc ensemble que nous devons réinventer les solutions qui se trouvent entre nos mains.

Cependant sommes-nous aujourd'hui capables de nous intéresser réellement aux autres ? Alors que l'égocentrisme est si fortement ancré en Occident comme dans toutes les sociétés modernes, sachons écouter avec force ce vieux proverbe de mon pays: « *L'homme est le remède de l'homme* ». L'être humain est un être social par nature, il se définit et grandit au contact des autres.

Nous devons revenir à des principes de base, apprendre à vivre avec ce que nous sommes et non avec ce que l'on voudrait paraître, pour ressembler à un modèle imposé par une société qui a montré ses limites. Nous avons besoin les uns des autres.

Petite feuille humaniste, sous ton ombre, l'Homme se ressource et cherche sa lumière.

Deuxième feuille

Et comment, de plus en plus, le métissage culturel devient un enrichissement individuel et social...

Jean Malaurie, le grand anthropologue passionné des peuples hyperboréens qu'il appelle « les peuples-racines », affirme : « *Je suis pessimiste sur l'avenir de l'homme blanc. Il ne croit plus en grand-chose. Il n'a plus la vertu du travail. Sa capacité d'invention n'est plus celle d'hier. Il s'est embourgeoisé. Par contre, les peuples émergents, c'est eux l'avenir. Ils ont la sève de l'homme qui se construit, si on ne les détruit pas. La vraie force de demain se trouve chez les peuples premiers et aussi dans les banlieues multiculturelles des villes d'Occident*[9] ».

Cette déclaration peut surprendre, voire choquer. Mais essayons d'y regarder de plus près.

On parle facilement des violences dans les banlieues habitées en majorité par des populations étrangères. Ces exactions sont réelles mais pas aussi généralisées qu'on le prétend. Il y en a aussi dans les centres-villes et dans les zones rurales. Dans tous les cas, elles sont surtout le fait de jeunes français désœuvrés, d'origine étrangère ou non.

Les sociologues le savent : c'est la deuxième génération qui a le plus de difficultés, et qui l'exprime parfois violemment, si elle ne rencontre pas de soutien, d'écoute ou de main tendue.

L'amalgame immigrés-violence est bien souvent, soit le fait d'une manipulation politique, soit d'une opération marketing des médias : les voitures qui brûlent, c'est l'audimat garanti. Les mesures d'expulsion, onéreuses pour les contribuables français, sont tout à fait inutiles en dépit des allégations sur la sécurité des personnes prétendument obtenue : les sans-papiers ne

---

[9] Propos recueillis par Nadia Khouri-Dagher, anthropologue et journaliste spécialisée dans *Label France,* n° 60, 2005.

sauraient être responsables de la situation dans laquelle se trouve notre pays.

Par ailleurs, il va falloir désormais composer avec le grand nombre de français, employés, cadres ou exerçant des professions libérales (avocats, médecins etc.) avec des patronymes à consonance étrangère.

L'investissement de l'espace républicain par la jeune génération d'origine étrangère est bien visible, pour qui veut le voir ; mais les médias mettent moins la lumière sur ces réussites que sur les actes d'incivilité et autres délits.

Cependant pour la majorité d'entre eux, beaucoup de portes restent fermées : accès aux grandes écoles, à un emploi qualifié, à un logement décent, possibilités de faire des stages en entreprises,...Certes, quelques-uns commencent à être « visibles » dans l'échiquier politique, mais beaucoup ne trouvent toujours pas leur place dans la société française, d'où la tentation d'un repli communautariste qu'on leur reproche souvent.

Mais qu'en est-il de l'élite française, des décideurs ?
Pierre Bourdieu et Claude Thélot ont traité cette question : les dirigeants des grandes entreprises, les responsables politiques et les hauts fonctionnaires sont presque tous originaires des mêmes quartiers et ont fréquenté les mêmes écoles. N'est-ce pas là une autre forme de communautarisme, celui des privilégiés et des nantis? D'autres sociologues parlent d'oligarchie…Le repli identitaire n'est-il pas une réaction à toutes ces issues fermées, à ces discriminations pour franchir les portes des institutions de la République ? Tout enferment sur soi est une épine à la cohabitation, à la cohésion sociale.

Lorsque je m'adresse aux jeunes, je leur conseille toujours de ne pas se poser en victimes, de prendre leur destin en main pour vivre heureux. Dans le système éducatif français, je leur cite l'exemple de la prestigieuse école Sciences Po qui accueille des jeunes issus des banlieues.

Mais il faut bien reconnaître que l'égalité des chances - un slogan politique à la mode - est encore un objectif à atteindre : c'est un travail de tous les jours, à tous les niveaux.

Il reste qu'il y a un réel problème de comportement chez certains jeunes de la deuxième génération, qui en général, remplit de honte leurs parents : ceux-ci, comme la plupart des immigrés, ont passé leur vie à travailler dur sans créer la moindre difficulté dans leur environnement ou dans leurs relations. Devant l'agressivité de leurs enfants, ils s'interrogent et se sentent démunis.

Dans tous les cas, la gestion de la violence des jeunes ne pourra se réaliser qu'en partenariat avec eux. L'implication des parents migrants africains dans la perspective d'une coexistence pacifique est une valeur ajoutée nécessaire.

Les migrants sont originaires d'une société de transmission orale aux avantages et à l'efficacité notoires : grâce à la spontanéité dans les relations, les conflits interpersonnels éclatent rarement. Hors de leur cadre habituel et surtout lorsqu'ils sont dans une civilisation de tradition écrite, beaucoup de parents immigrés sont impuissants à léguer les valeurs éducatives qu'ils ont reçues dans leur enfance. Aussi, certains se retrouvent-ils demandeurs d'aide et d'accompagnement ; ils trouvent parfois des soutiens auprès de structures sociales appropriées.

La révolte de ces jeunes s'explique par le sentiment d'être victimes d'injustice et de racisme. Avec leur double culture, quelques-uns estiment encore être « colonisés ». Ils sont confortés dans ces revendications par certaines associations qui demandent aux pays occidentaux des compensations financières pour la période coloniale et pour la traite négrière.

Comment en sommes-nous arrivés là ?

Un premier élément vient de notre histoire, qui est intimement liée à celle de notre pays d'accueil.

Un constat sur cette histoire commune : il y a eu l'esclavage, la traite négrière, l'abolition de l'esclavage, puis la colonisation, la décolonisation, l'indépendance et maintenant l'immigration.

Ce que nous vivons aujourd'hui est la conséquence de ces faits historiques. En Afrique même, le trafic d'esclaves a d'abord été le fait de marchands arabes, bien avant les européens. Ces derniers l'ont fait sur une plus grande échelle, pendant deux siècles, avant d'abolir l'esclavage.

Le Commerce Triangulaire (Afrique/Europe/Amérique), développé au XVVIIe et XVIIe siècle, est à l'origine des aspects inhumains et dégradants des déportations de l'époque.

En ce qui concerne la colonisation, il y a eu d'abord « la règle des trois M » : les Marchands, les Militaires, et les Missionnaires. Si beaucoup de colons ont fait fortune grâce à l'exploitation des matières premières et du travail des Africains- certains parlent de pillage - d'autres sont venus enseigner leur langue, leurs savoirs. On a observé des situations très variées selon les lieux et les époques : dans mon pays par exemple, sais-tu que les habitants de quatre communes (Saint-Louis, Dakar, Gorée, Rufisque) étaient des sujets français ?

Electeurs, ils étaient également éligibles, et c'est la raison de la présence de députés africains noirs à l'Assemblée Nationale française : les plus connus sont Léopold Sédar Senghor et Blaise Diagne.

Les effets de la colonisation sont multiples. Certains sont positifs : constructions d'écoles, d'infrastructures sanitaires, ferroviaires, aéro-portuaires, routières... D'autres sont négatifs : l'exploitation abusive des richesses, le pillage des ressources mais surtout le travail forcé et la déculturation.

Pendant les deux guerres mondiales, beaucoup d'Africains dits « tirailleurs sénégalais » sont venus faire la guerre aux côtés de leurs frères français. A cette époque douloureuse, on ne leur demandait ni leur religion, ni leur carte de séjour. A cet instant, je pense aux vaillants soldats du fameux camp militaire de Thiaroye[10](Dakar).

Par ailleurs, après la guerre, on est allé les chercher, parfois par bateaux entiers pour aider à la reconstruction de la France. C´est tout cela notre passé commun. Aujourd'hui, des africains viennent en France pour étudier ou pour travailler, certains s´installent durablement. C'est la suite logique de l'histoire, leur présence en France n'est ni plus ni moins naturelle que celle des français en Afrique. C´est la conséquence logique d´un enchaînement de faits historiques, géopolitiques, stratégiques, etc.

Un deuxième élément de réponse est lié à l'évolution récente de la société française : il y a une vingtaine d'années est apparue une notion nouvelle : le « devoir de mémoire » ; c'est un devoir moral des Etats permettant d'entretenir le souvenir de souffrances subies par certaines catégories de population, surtout lorsqu'ils en sont responsables.

Ce concept a été créé à propos des victimes du nazisme, puis élargi à d'autres sujets. La loi Taubira, en 2001, a reconnu comme crimes contre l'humanité, l'esclavage et la traite négrière.

Pourquoi le devoir de mémoire ? A mon avis pour deux raisons essentielles:

D'abord, les victimes ont le besoin absolu d'être reconnues comme telles et, lorsqu'elles sont mortes, il nous faut entretenir leur souvenir.

Ensuite, l'ensemble de la population doit savoir ce qui s'est effectivement passé, même si c'est horrible, même si c'est un sujet de honte pour le pays responsable. Nous devons tous être

---

[10] En novembre 1944, d'anciens combattants de l'Afrique occidentale française (appelés couramment Tirailleurs Sénégalais) sont rassemblés au camp de Thiaroye, au Sénégal. Ils apprennent que leur solde ne sera pas versée, la tension monte, les gendarmes français ouvrent le feu : ce massacre est un des actes les plus honteux de l'armée française au moment de la Libération.

informés de façon objective et sans passion pour que ces faits inacceptables ne se reproduisent plus.

Quelle forme doit prendre ce souvenir ?

La commémoration annuelle officielle, telle qu'elle est célébrée aujourd'hui, répond-elle à toutes ces demandes ? Pour avoir pris part à plusieurs de ces cérémonies, je ne le pense pas.

Il ne s'agit pas d'en avoir une approche simplement moralisante, mais aussi et surtout, politique, sociale et économique.

L'important est que les historiens de tous les pays concernés travaillent ensemble à établir des faits précis aussi objectifs que possible. Et qu'un travail pédagogique fasse connaître leurs recherches à travers les programmes scolaires, par exemple en intégrant l'esclavage dans l'économie française des XVIIe siècles, mais aussi par des manifestations culturelles (musées, expositions, films, théâtre) sportives, scolaires et politiques.

De par mes contacts avec la communauté antillaise, je relaie l'appel des organisateurs, en direction de leurs frères Africains, pour une participation plus accrue aux cérémonies commémoratives de l'abolition de l'esclavage. Pour l'instant, ils sont peu nombreux à s'y intéresser.

Pour quelles raisons ? Peut-être est-ce encore un tabou pour beaucoup, issus d'une société féodale, sur le modèle de celle d'Ourossogui (nobles, artisans et captifs).

Cependant, dans plusieurs pays africains, on célèbre le souvenir de la déportation d'esclaves : Ile de Gorée au Sénégal, Porte de Non-Retour au Bénin... Il est vrai que ces lieux sont visités surtout par des Américains, Antillais, Brésiliens... C'est parmi eux qu'on trouve les plus touchés par cette tragique histoire. Les remarquables travaux universitaires de Cheikh Anta Diop[11] permettent de situer dans leur contexte l'origine africaine et négroïde de l'humanité. Parmi les thèses de l'illustre l'historien, on peut citer aussi l'origine nègre de la civilisation égypto-nubienne et la création d'un état fédéral continental. La lecture

---

[11] Cheikh Anta Diop, *Nations nègres et culture : de l'antiquité nègre égyptienne aux problèmes culturels de l'Afrique Noire d'aujourd'hui*, Présence africaine, 1979.

de l'œuvre d'Aimé Césaire - dont le *Cahier d'un retour au pays natal* - permet de ressentir à quel point les descendants d'esclaves restent marqués par les souffrances de leurs ancêtres.
Par ailleurs, chez les jeunes, Africains ou Français, l'histoire de l'esclavage est très mal connue.
On croit que seuls les Africains ont été victimes de ces pratiques alors qu'elles ont existé sur tous les continents et ont été appliquées à toutes les races. Selon Christian Delacampagne[12], « *A en croire les récits des voyageurs arabes, l'esclavage est une réalité sociale courante à l'intérieur des différents empires féodaux- Ghana, Mali, Songhay- qui prospèrent en Afrique Occidentale subsaharienne entre le IXe et le Xe siècle* ».
Qui sait que, jusqu'au XIXe siècle, un million d'Européens ont été enlevés et réduits à la servitude par des pirates musulmans ?
Le mot « esclave » vient d'ailleurs de « slave », en référence à l'époque où les Germains et les Byzantins réduisirent en esclavage de nombreux Slaves.
Il n'est pas question pour moi de situer les responsabilités, du moins pour réclamer une quelconque compensation financière difficile à évaluer pour un passé qu'on ne changera pas. En quoi du reste, pourrait-elle être une aide pour le développement de l'Afrique ? Il ne faudrait pas aussi donner le sentiment à nos dirigeants qu'une contrepartie financière réglerait tous les maux dont souffre l'Afrique : corruption, guerres, famine, sécheresse, etc.
Il serait plus judicieux d'accepter la présence des migrants comme une conséquence de notre histoire commune et de l'immense disparité des niveaux de vie dans le monde. La crise financière actuelle en est une belle illustration.
Certes, dans le passé, il y a eu des actes condamnables mais nous devons nous efforcer de pardonner, pour construire un avenir épris de paix, de tolérance et de justice sociale à l'image de Nelson Mandela.

---

[12] Christian Delacampagne, Histoire de l'esclavage de l'Antiquité à nos jours.

Il est important de lever les tabous et de pouvoir mettre des mots justes sur notre histoire, Africains, Antillais et Français, quelles que soient nos origines. Cette attitude courageuse aurait pour avantage de sensibiliser les esprits, les jeunes notamment, au phénomène de l'esclavage et à ses causes ; et surtout au fait que cet esclavage subsiste encore dans plusieurs parties du monde, sous des formes différentes. Il y a même des zones où il est en augmentation.

Il faut donc s'inspirer du travail des historiens pour comprendre notre passé et l'accepter comme il est. C'est seulement ainsi que nous pourrons nous libérer des polémiques dépassées, des rancœurs et des regrets stériles, qui nous opposent les uns aux autres. L'heure est au travail plutôt qu'à la compassion. Alors, nous pourrons consacrer nos intelligences et nos énergies à combattre la misère et l'injustice dans notre monde. Ensemble.

Comme l'a écrit l'ambassadeur Stéphane Hessel, nous devons nous « indigner », non pas pour se donner bonne conscience ou donner des leçons de morale, mais pour trouver la force de reconstruire une société nouvelle, plus juste et plus fraternelle.

Feuille métissée, synonyme d'espoir pour un monde réconcilié.

Troisième feuille

Et comment dans un monde à la recherche de justice et d'espérance, il est possible d'agir en faveur du dialogue, du progrès social et de la solidarité...

Les générations à venir auront la possibilité d'inventer un monde nouveau, à la fois plus rationnel et plus fraternel, parce que plus juste et plus solidaire.
Il faut d'abord avoir confiance dans nos propres ressources humaines. Par une bonne gouvernance, nos intelligences, nos talents et nos compétences conjugués doivent nous permettre de nous en sortir. L'une des solutions est dans le partage équitable des richesses.
Ce faisant, l'Afrique mère, sans perdre de sa sagesse, lâchera les mains qui l'aident et l'étouffent tout à la fois. C'est un travail de longue haleine, un grand chantier ouvert. Il faudra désormais compter sur la nouvelle élite franco-africaine immigrée un peu partout dans le monde. Les matières grises de la diaspora sont légion, personne ne peut oublier le continent qui a vu naître ses ancêtres.
Et il en va de l'équilibre de la planète entière.
Jusqu'à maintenant, dans les relations inter-états, la dimension humaine a été reléguée au second plan du développement socio-économique. De réforme en plan, on fait du développement une fin en soi. C'est oublier qu'il ne peut y avoir de pays riches sans pays pauvres : nos destins sont intimement liés.
La coopération bilatérale (la FrançAfrique) a montré ses limites. Par ailleurs, dans l'économie mondiale, les règles du marché sont définies par les pays riches, au détriment des pays du Sud ; les populations en subissent, hélas, les conséquences.
Alors que faire ? De nouvelles voies émergent. Au Nord comme au Sud, des associations, des syndicats, des hommes politiques ou de la société civile s'engagent pour un autre

équilibre planétaire. Des forums sociaux mondiaux organisés chaque année sont leur porte-voix pour dénoncer les injustices de la situation actuelle et proposer des alternatives. En même temps, ces personnes s'investissent avec conviction dans des actions locales, à petite échelle. De nombreuses organisations de solidarités internationales (OSI) humanitaires travaillent dans un esprit de partenariat réciproque et égalitaire. Elles ont valeur d'exemple.

Parmi les nombreuses initiatives de coopération décentralisée, une des plus récentes, et qui me tient à cœur, est l'association les « Enfants de Ouro-Sogui et des Yvelines » (EOSY). Créée en 2008, elle favorise un partenariat Nord-Sud, entre le village où j'ai planté mon petit baobab et la ville où je t'invite à l'entretenir avec le plus grand soin. Elle donne du sens à mon engagement associatif et politique. En trois ans d'existence, cette jeune association a déjà tissé de véritables liens d'amitié entre la population de Montigny-le-Bretonneux et celle d'Ourossogui.

Espérons que ces nouvelles voies ouvertes donneront l'élan nécessaire et suffisant pour remettre l'homme au centre des préoccupations. Il s'agit de nous unir pour chercher ensemble le moyen de contourner toutes les entraves au vivre ensemble.

Ne ménageons aucun effort pour la diminution des inégalités effarantes dans le monde, travaillons aux conditions d´un développement plus juste et plus solidaire.

Un jour de mai 2009, je présente les objectifs de l'association EOSY aux mamans des jeunes originaires d'Ourossogui. Les parents me sollicitent pour mettre l'association, dont je suis le fondateur, au service de leurs enfants. Cette demande complète le travail qu'ils ont engagé autour de la citoyenneté active et des actions humanitaires : « *Au lieu de zoner dans les cages d'escalier à cracher par terre ou d'aller faire des bêtises, ils pourront avoir les premières expériences ici et aider le village là-bas* » me lancent-ils sous forme de boutade ! Ce défi me convient parfaitement.

En deux ans, j'ai favorisé la rencontre, de près d'un demi-millier de *Sukaabe Soggi* (*les enfants de Sogui*) en France.

Pour entrer en relation avec eux, je les ai accompagnés dans la mise en place d'une journée culturelle.

Pour l'organisation de cette manifestation, j'ai proposé une démarche originale et qui semble avoir été appréciée : j'ai commencé par lister les compétences de chacun pour les amener à s'en servir pour la fête et éventuellement pour les démarches à venir. Ce faisant, j'ai essayé de valoriser leurs capacités, ce qui leur a permis de prendre confiance en eux. Certains ont su s'approprier cette démarche et la réutiliser.

Les enfants de migrants sont peu intéressés par le développement d'Ourossogui : ils n'y ont pas leur passé et n'y voient pas leur avenir. Et les nombreux problèmes qu'ils affrontent se situent ici en France : échec scolaire, ou brillante réussite suivie de chômage, discrimination dans la vie quotidienne, dans la recherche de travail et de logement, malaise entre les deux cultures, difficulté à se définir. Cependant, ils ont pris conscience d'une possible intégration par l'école républicaine.

En toile de fond de nos échanges, il y a des conflits latents. Le rapport de chacun à son identité propre et à l'histoire singulière de sa famille doit être clairement établi.

La participation à des chantiers au village pourrait les y aider. C'est le nouveau défi que j'ai lancé. Par rapport à l'idée de départ, la mobilisation des jeunes d'Ourossogui commence à porter ses fruits. Reste à préciser ensemble les modalités de réalisation. Ces actions constituent le meilleur ciment de notre attachement au village, au-delà de certaines divergences inhérentes à toute force de propositions.

Au bout du projet d'immigration de leurs parents, pointait l'espoir du retour. Mais pour eux, de quoi sera fait demain ?

Quelles que soient leurs origines, les jeunes, français ou européens, ont besoin de connaître la réalité de la vie dans d'autres régions du monde. Ce qui ne peut s'accomplir par les livres, la télévision ou les réseaux sociaux, mais plutôt par des contacts personnels. Même si leur avenir est en Europe, les *sogginaabe* * ont besoin de ponts avec leur pays d'origine.

Je suis toujours resté en lien étroit avec mon village grâce notamment à nos deux associations de solidarité. Aujourd'hui les premiers migrants commencent à prendre de l'âge. Fatigués, retraités ou même rentrés au pays pour certains, ils souhaitent passer le relais. Hélas, les jeunes ne se sentent pas concernés et n'adhèrent pas pour l'instant aux projets des adultes. Le temps et la disponibilité de chacun ne sont pas extensibles. Et surtout, les compétences suffisantes hier, ne le sont plus de nos jours.

Aujourd'hui, les migrants africains se retrouvent face à des difficultés de trois ordres : la question de l'éducation de leurs enfants, la pérennité de leur aide au village d'origine et la « mauvaise image » des étrangers en France.

A ce propos, il y a un paradoxe : d'un côté, tout au long de son histoire, notre pays s'est enrichi des apports des hommes et des femmes de toutes origines. Par leurs forces et leurs talents, les primo-migrants ont contribué autant à l'essor économique et social de notre pays que leurs collègues français de souche. Et que dire du rayonnement culturel et sportif de certains de leurs enfants ?

D'un autre côté, à cause des enjeux politiques liés à cette question, le droit de vote et d'éligibilité des non-nationaux, même aux scrutins locaux, reste polémique et incompris par l'opinion française. Comment vivre ensemble en bonne intelligence dans la cité sans jouir des mêmes droits que le voisin français ?

A l'ère de la mondialisation, les migrations constituent un atout considérable autant pour les pays d'émigration que pour les pays d'accueil. Certains pays européens vivent cette réalité depuis longtemps.

Dans une démarche citoyenne, le droit de vote des résidents étrangers, juste dans son principe de réciprocité, participera à leur intégration en renforçant la cohésion nationale : c'est une application logique du triptyque républicain : liberté, égalité, fraternité.

Dans leurs diversités culturelles, les migrants doivent agir, s'investir, puiser dans les sources intarissables des valeurs et de la sagesse africaines pour s'impliquer d'avantage et prendre leur destin en mains. C'est en surmontant les obstacles qu'on évolue et qu'on s'enrichit.

Dans leurs villages d'origine, les rôles sont bien répartis. La gestion des antagonismes est assurée par la médiation qui se calque naturellement sur l'organisation socio-anthropologique. Chacun a une place bien définie, et se sent responsable de la qualité des relations entre les personnes.

A Ourossogui, les artisans de la caste intermédiaire jouent le rôle d'entremetteurs pour assurer l'équilibre des groupes sociaux. Ils en connaissent les méandres et peuvent ainsi favoriser la cohésion sociale du village. Homme de confiance, le médiateur a un principe : ne pas juger, mais rappeler l'effort nécessaire à chacun pour une cohabitation harmonieuse.

Regardons la démarche de Baaba qui partait en quête de connaissances nouvelles, d'un savoir-faire nouveau, pour le rapporter ensuite au village. C'est par le contact avec les autres maîtres rencontrés que cela a été possible, l'écoute et la confiance aidant.

Des « Baaba » j'en connais beaucoup : capables d'aimer, de s'émerveiller, de faire confiance et de léguer leur sagesse, leurs expériences, leur foi, leur humanité.

Au sein de la Maison de l'Artisanat, nous avons vécu ce principe de transmission. Comment diffuser cette approche auprès de tous ces jeunes qui ne savent plus se construire face à des modèles stéréotypés dans lesquels ils ne peuvent ou ne veulent rentrer ?

Non, il n'y aura pas de miracle, j'en suis convaincu.

Seule notre volonté commune pourra améliorer notre quotidien.

« Le vivre ensemble » ne doit pas rester dans les sphères dogmatiques des socio-ethnologues et autres spécialistes en sciences sociales.

Leurs recherches et enquêtes universitaires, certes très pertinentes, donnent souvent lieu à des conclusions politiques hâtives qui dénaturent la qualité du travail réalisé. La volonté de changement doit être une concertation de tous les jours, à tous les niveaux.

La société civile, si elle le décide vraiment, peut être un élément moteur dans l'évolution des mentalités.

Baaba s'est éteint depuis une vingtaine d'années. Mais son souffle qui ne craignait pas les turbulences de la contradiction, de l'aventure, de la nouveauté, m'accompagne toujours aujourd'hui.

Et, bien sûr, les voix des Seerembe (pluriel de *ceerno***) ou *maîtres spirituels* doivent nous guider. Elles alimentent ma vie de leur puissance morale, sans m'assourdir. Elles me permettent d'éviter les écueils des interprétations abusives de la doctrine islamique.

Je vis ma foi en France, certainement sous une forme autre que si j'étais resté au Sénégal. La circoncision en est le plus vif exemple. Ce rite de passage de l'adolescence à l'âge adulte, qui facilitait l'entrée dans la maturité, est devenu un geste médical banal, en Occident comme en Orient. Aujourd'hui, il est pratiqué sans aucun accompagnement culturel, et perd de sa signification sociale.

L'adaptation des rituels dans le pays où l'on vit est normale, notamment pour accomplir deux des cinq piliers de l'Islam : les cinq prières journalières et le Ramadan. Le Coran est clair sur tous ces sujets, mais en l'absence de clergé, certains se permettent de l'interpréter à leur guise.

Dans un Etat laïc, avec des racines judéo-chrétiennes de surcroît, il est fondamental de se référer aux lois de la République, qui, seules, serviront de remparts contre l'intégrisme et le communautarisme.

Je passe mon premier Noël dans une famille française dans la Drôme. Présenté au Père Blanc comme seul ami musulman dans l'assemblée, je revois les yeux du curé rayonnant de joie : il est fier et touché de m'entendre répondre *Amen* à chacune de ses bénédictions lors de la messe de minuit. L'image de la rencontre, sous les illuminations d'un soir de Noël éclairant les visages resplendissants des fidèles de la petite église du village de Montmeyran, est émouvante. Le lendemain, le repas familial a été partagé à notre plus grande joie.

Retournons à la source des textes, en nous accordant sur les erreurs possibles d'interprétation, en cherchant la vérité essentielle pour mieux apprécier notre différence.

Les membres du Groupe Interreligieux pour la Paix (GIP78)- composés de Chrétiens, Juifs et de Musulmans engagés- ont acquis aujourd'hui une solide expérience dans le dialogue.

Au-delà de leurs différences religieuses et culturelles, les liens qui les unissent constituent le ciment même de la tolérance et du partage. Leurs interventions, au sein des établissements scolaires de la région parisienne, complètent le formidable travail des professeurs d'histoire et de l'aumônerie, sur le fait religieux. Partout où il est intervenu, le groupe a su adapter son langage aux jeunes pour lesquels le vocabulaire religieux est trop technique, trop compliqué et pas facilement accessible. Pour que ce travail ne reste pas superficiel, il faut mettre des mots sur leur foi. Et rappeler que celle-ci est un appel de Dieu sur des questions existentielles : pourquoi la vie, pourquoi la mort, qu'est-ce que le bien, le mal ? Et d'autres encore : c'est quoi le pardon, d'où venons-nous, où allons-nous ? Les éclairages apportés aux questions spontanées des jeunes scolaires leur permettent de se poser en témoins, de leur propre expérience de vie, ensemble dans la cité. L'entente mutuelle des animateurs de l'association impressionne toujours les élèves et leurs enseignants. Et dans un monde en questionnement, leur engagement est un instrument potentiel dans la recherche de paix entre les hommes.

S'en tenir à la foi dans toute sa simplicité universelle permet de faire abstraction de considérations ethniques, culturelles ou traditionnelles souvent conflictuelles. Puissent les messages universels de tolérance et d'amour se diffuser et se compléter.

Feuille témoin qui t'invite à méditer cette parole de Paul VI :
« L'homme contemporain écoute plus volontiers les témoins que les maîtres ou, s'il écoute les maîtres, c'est parce qu'ils sont des témoins ».

Épilogue

À toi lecteur, à toi mon ami : maintenant que tu as voyagé avec moi entre ma terre natale et ma terre d'adoption, ensemble, nous devons bâtir. Car il faut toujours avoir à l'esprit que le futur s'impose mais que l'avenir se construit.
Je te donne un petit bout de terre bien rouge de mon champ que j'ai commencé à retourner et dans lequel j'ai planté mon petit baobab plein d'idées… Bien sûr tout n'est pas aussi simple.
A me lire, mon enfance africaine peut t'apparaître trop idyllique, mes rencontres toutes merveilleuses. Dans ma vie, j'ai connu aussi des moments difficiles : *« La seule vérité est d'être vivant, le seul bonheur est de savoir qu'on est vivant »*. C'est Le Clézio qui me souffle cette évidence. Chacun de nous, à sa manière, témoigne de sa vie intérieure. J'ai eu envie de m'en inspirer à ma modeste façon.
Mon histoire est singulière mais d'autres immigrés s'y reconnaîtront.
La preuve par le témoignage est une vieille école universelle qui m'incite à te parler. Ce récit n'est pas une addition de propositions, ce n'est pas non plus une somme de recommandations ou un catalogue à égrener. Mes critiques constructives n'ont qu'un but : t'inviter, grâce à l'intelligence de ton cœur, à cheminer avec moi le plus longtemps possible pour construire un meilleur « vivre ensemble »
Rappelle-toi, nous avons tout d'abord écouté la voix de Mmaa. Elle nous montre que la valeur d'un village se mesure à sa capacité à bien *accueillir un étranger* ou *teddungal***.
A l'heure des replis sur soi et de la fermeture des frontières des pays, l'hospitalité demeure-t-elle une valeur universelle qu'on peut encore partager ? Cette question, chacun d'entre nous peut se la poser et la poser aux autres.
Entrer en communication, c'est être capable, par exemple, de partager sa marmite de nourriture tout simplement avec l'autre.

On s'immisce alors dans un espace intime, inhabituel, inconnu, avec l'envie de comprendre. Dans nos familles, le temps du repas est spirituel, il se passe assis sur la natte ou le tapis du salon, à même le sol. Installés avec les convives, les uns à côté des autres, autour d'un plat unique, nous avons en commun les mêmes gestes dirigés vers un centre unique. Nous agissons bien au-delà de l'acte basique qui rassasie. La simplicité avec laquelle ce gestuel s'accomplit nous relie. Nous nous rapprochons de Dieu. La nourriture, c'est le fruit de l'arbre qui pousse de la terre, et lorsque nous mangeons avec la main droite, nous gardons toutes les saveurs du mets.

Alors, pour comprendre l'autre, faisons le premier pas pour entamer le dialogue : un verre, un repas, peut être le prétexte pour débuter la première rencontre.

Quel que soit notre mode de vie, osons accueillir l'autre et découvrir ses traditions culinaires. Il y a beaucoup de similitudes entre la gastronomie des fêtes familiales et populaires en France et certains codes des festins traditionnels de mon pays. C'est ainsi que j'ai découvert et apprécié la beauté de la cuisine française portée par ses plus grands chefs dans le monde entier.

Que l'étranger soit de passage ou amené à rester définitivement, l'entrée en relation est identique.

Savoir vivre ensemble de façon citoyenne est un art, à entretenir au quotidien. Ce *modus vivendi* constitue une des réponses à la crise actuelle des valeurs morales et à notre quête d'équilibre.

Comprendre et apprendre à se faire comprendre, écouter l'autre pour un vrai dialogue, dire les mots justes chargés de sens dans leur simplicité, exprimer et non pas imposer son point de vue.

L'intelligence et la signification des savoirs, les valeurs humaines que chacun de nous porte les bienfaits de la nature, sont autant d'expressions de la grâce reçue que nous devons préserver. Ces vertus cardinales, appelées *ngor**** en wolof, ont le mérite d'avoir fait leurs preuves.

Nous rendrons des comptes demain : quel monde, quelle société laisserons-nous à nos enfants ? Notre capacité à modifier ce qui nous apparaissait comme immuable, nous rapproche de ce que je nomme « vivre ensemble ». C'est un besoin vital pour le devenir des êtres humains. Et pour celui de mon petit baobab.

Voilà, je t'ai donné à partager les idées et les expériences du champ de terre rouge au milieu duquel pousse mon petit baobab.
À toi maintenant d'y planter les tiennes.
À nous de les aider à croître ensemble, d'en prendre soin, pour récolter celles que nous aurons fait mûrir et qui, en retour, auront contribué à nous faire grandir.

Bibliographie

Nations nègres et culture : de l'antiquité nègre égyptienne aux problèmes culturels de l'Afrique Noire d'aujourd'hui de Cheikh Anta Diop, Editions Présence Africaine, 1979.

L'enfant Noir de Camara Laye, Editions Plon, 1953.

Les bouts de bois de Dieu de Sembene Ousmane, Editions Presses Pocket, 1960.

Les soleils des indépendances d'Ahmadou Kourouma, Editions Le Seuil, 1970.

Vivre avec l'Islam, réflexions chrétiennes sur la religion de Mahomet, dirigée par Annie Laurent, Editions Saint-Paul, 1996.

Cahiers d'un retour au pays natal d'Aimé Césaire, Editions Présence Africaine, 1939.

Contes de la savane et chansons de geste de Dozos chez le peuple Bambara-Malinké de Fako Koné, Editions Manaibuc, 2008.

Œuvres poétiques complètes de Louis Aragon, Editions Gallimard, la Pléiade, 2007.

Madame Bâ d'Eric Orsenna, Editions Fayard Stock, 2003.

L'aventure ambigüe de Cheikh Hamidou Kane, Editions collection 10/18 domaine étranger, 2003.

Jésus vu par un musulman d'Amadou Hampâté Bâ, Editions Stock, 1994.

Liberté 5 : Le Dialogue des cultures de Léopold Sedar Senghor, Editions Le Seuil, 1992.

Amkoullel l'enfant peul d'Amadou Hampâté Bâ, Editions Actes Sud, 1991.

Ce que je crois : Négritude, francité, et civilisation de l'universel de Léopold Sedar Senghor, Editions Grasset, 1988.

Vie et enseignement de Tierno Bokar, le sage de Bandiagara d'Amadou Hampâté Bâ, Editions Le Seuil, 1980.

Les derniers rois de Thulé de Jean Malaurie, Editions Plon, collection Terre humaine, 1976.

Sous le regard des étoiles de Khadidjatou Hane, Les Nouvelles Editions Africaines du Sénégal., 1998.

Itinéraire d'un nomade de Samba Touré, Editions CLMayer, 1998.

Histoire de l'esclavage de l'Antiquité à nos jours de Christian Delacampagne,
Librairie Générale Française, 2002.

« Le racisme raconté à ma fille » de Tahar Ben Jelloun, Editions Le Seuil, 1998.

Remerciements

Une mention spéciale à Chantal Maupied et à sa famille. Son professionnalisme et ses compétences techniques ont permis la réalisation de mon premier livre.

Un grand merci à Éric Belloir pour sa fidélité et pour avoir accepté de rédiger la préface de mon manuscrit.

Mes remerciements vont également au Père Baudoin, à Mike et Stéphane, Nathalie, Marie-Noël, Hélène, Philippe... pour leur relecture attentive et leur aide précieuse.

Pardon à celles et à ceux dont je n'ai pas cité les noms : leur disponibilité et leurs conseils ont donné la rigueur et la clarté nécessaires à l'achèvement de mon rêve.

Enfin, pour la qualité et la pertinence de leurs observations, que tous mes amis trouvent ici le témoignage de ma gratitude.

Table des matières

Avant-propos 9
Avertissement 15
Préface.. 17
Prologue 21

Première branche
   Le village avec Mmaa 23

Première feuille
Et comment, bien des années plus tard, le fil de la bobine de Mmaa m'accompagne toujours… Médiateur je suis devenu, est-ce par hasard ?... 35
Deuxième feuille
Et comment Mmaa m'a appris à être fier de la part féminine qui est en chacun de nous… 39
Troisième feuille
Et comment être né à Ourossogui me conduit à poursuivre en France l'aide au développement de mon village… 43

Deuxième branche
   Le travail avec Baaba 55

Première feuille
Et comment mon travail de médiateur puis de cadre éducatif dans un établissement catholique ont en commun le dialogue interculturel… 65
Deuxième feuille
Et comment je propose la création de la Maison de l'Artisanat… 71

Troisième branche
   La spiritualité et les Ceerno 81

Première feuille
Et comment la religion fait partie de ma vie … Ou comment le dialogue avec d'autres confessions s'est tissé…................................... 91
Deuxième feuille
Et comment les femmes musulmanes vivent leur religion… 113

Quatrième branche
  L'école avec Monsieur Dia 125
Première feuille
Et comment s'adapter à des situations nouvelles 139
Deuxième feuille
Et comment les jeunes, aveuglés par l'illusion de « déjà tout connaître »
ne cherchent plus spontanément à apprendre. 145
Troisième feuille
Et comment passer d'un lien social à un engagement politique sans perdre
son libre arbitre. 153

Cinquième branche
  "Le vivre ensemble" 129
Première feuille
Et comment notre société est malade de ses contradictions. 163
Deuxième feuille
Et comment, de plus en plus, le métissage culturel devient un enrichissement
individuel et social... 171
Troisième feuille
Et comment dans un monde à la recherche de justice et d'espérance,
il est possible d'agir en faveur du dialogue, du progrès social et de la
solidarité 179

Épilogue 187

Bibliographie 191

Remerciements 193

L'Afrique aux éditions L'Harmattan

INVENTION (L') DE L'HOMME NOIR
Une critique de la modernité
Betche Zachée
Cet ouvrage est une critique des regards portés sur l'homme noir, à la fois par l'autre et par lui-même. Se situant dans des temporalités différentes, l'auteur nous invite à interroger les imaginaires qui ont consciemment ou inconsciemment construit l'image du Noir. Cet essai se veut une contribution à la réflexion du devenir noir, indissociable de l'humanité entière. Seront convoquées de nombreuses sources, telles l'histoire, l'anthropologie et la philosophie.
(Coll. Points de vue, 18.00 euros, 184 p.) ISBN : 978-2-296-96694-9

POLITIQUE (LA) EUROPÉENNE DE SÉCURITÉ ET DE DÉFENSE EN AFRIQUE CENTRALE
Dynamique de construction, expérimentation et appropriation locale
Nguembock Samuel
Préface du Pr Narcisse Mouelle Kombi
Cet ouvrage apporte une contribution majeure dans la réflexion sur les relations entre l'Union européenne et l'Afrique, notamment sur les questions de sécurité et de défense. Il analyse les capacités et la cohérence institutionnelle des Etats partenaires, en l'occurrence ceux de l'Afrique centrale, et s'interroge sur l'efficacité de cette coopération.
(Coll. Etudes africaines, 23.00 euros, 240 p.) ISBN : 978-2-296-96063-3

AFRIQUE (L') ET LE DÉFI DE LA SECONDE INDÉPENDANCE
Djereke Jean-Claude
Préface du professeur SERY Bailly
Dix-sept pays d'Afrique francophone ont célébré en 2010 le cinquantenaire de leur «indépendance». Cinquantenaire globalement jugé négatif, parce que la majeure partie des Africains manque d'eau potable, d'électricité, de routes praticables, d'écoles, de dispensaires, d'assurance-maladie, etc. Que s'est-il passé pour aboutir à un tel résultat ? Qu'est-ce qui a empêché ces pays de «décoller» ?
(Coll. Harmattan Côte-d'Ivoire, 17.00 euros, 166 p.) ISBN : 978-2-296-96939-1

AFRIQUE (L') DANS UN MAELSTROM
Tenesso Armand
Comment accomplir la révolution des mentalités en Afrique et dans le monde, sans dénoncer l'Histoire, le capitalisme, la colonisation, l'instrumentalisation

des religions, le silence complice de l'Occident sur la gouvernance exécrable des chefs d'État africains, riches de nombreux milliards volés à leur peuple qui meurt de faim, de maladie et d'ignorance ? Pourquoi maintenir les termes des échanges Nord-Sud, en sachant qu'ils sont déséquilibrés et pipés ?
(Coll. Points de vue, 18.00 euros, 184 p.) ISBN : 978-2-296-96465-5

URGENCES (LES) AFRICAINES
Réécrire l'histoire, réinventer l'Etat
Tamekamta Alphonse Zozime
Après 50 ans d'indépendance, les États africains s'engagent encore sur les sentiers de la démocratie et du développement. Entre commémoration et refus de s'émanciper, ce livre poursuit une analyse politique et historique de la sociologie du pouvoir en Afrique.
(Coll. Études africaines, 21.50 euros, 216 p.) ISBN : 978-2-296-96371-9

CINQUANTE ANS APRÈS LES INDÉPENDANCES, QUEL HÉRITAGE POUR LA JEUNESSE AFRICAINE ?
Atouda Beyala Patrick
L'Afrique est aujourd'hui un géant en gestation. La question de la jeunesse africaine, principale héritière du continent, devient donc une préoccupation névralgique. L'Afrique peut-elle offrir un espoir aux jeunes générations en perte de repères et désespérées ? Le monde bouge et plusieurs indicateurs sont au rouge, signes précurseurs des grands défis qui attendent les jeunes d'Afrique.
(Coll. Points de vue, 15.50 euros, 148 p.) ISBN : 978-2-296-96201-9

RELATIONS (LES) ENTRE LE CANADA, LE QUÉBEC ET L'AFRIQUE DEPUIS 1960
Relations between Canada, Quebec and Africa since 1960
Sous la direction de Jean-Bruno Mukanya Kaninda-Muana
Cinquante ans après les indépendances, l'Afrique est-elle encore une priorité pour le Canada et le Québec ? Sa coopération avec l'un et l'autre a-t-elle atteint l'âge de la maturité ? Les relations entre les trois ont-elles un avenir ? Ce livre veut contribuer à aider le Canada, le Québec et l'Afrique à mieux se connaître et mieux se comprendre afin de mieux coopérer.
(Coll. Études africaines, 20.00 euros, 206 p.) ISBN : 978-2-296-96197-5

GUÉRISON ET RELIGION EN AFRIQUE
Mbonimpa Melchior
La modernité laïque voudrait que seules la biomédecine et les diverses méthodes «scientifiques» de thérapie psychologique s'occupent de la santé des humains. Pourtant, même au coeur de l'Occident contemporain, les «religions de guérison» ont encore des adeptes. L'interpénétration du religieux et du médical est un phénomène universel et, en Afrique, la thérapie joue abondamment sur les zones de contact, de superposition et de fusion entre les domaines du religieux et du médical.
(Coll. Études africaines, 13.50 euros, 118 p.) ISBN : 978-2-296-96817-2

AU PAYS DE LA PAROLE
Grappaf
Le Grappaf se situe à contre-courant des certitudes portant sur l'infériorité des cultures orales d'»hommes sans histoire». Ses membres de tous horizons se sont réunis autour de cet ouvrage pour parler de la famille africaine, des tradithérapies, ainsi que de cultures et traumas.
(Coll. Psychanalyse et traditions, 43.00 euros, 448 p.) ISBN : 978-2-296-96968-1

CONQUÉRANT (LE)
L'odyssée de la violence dans l'histoire
Bambanza Muhamyankaka Damien
Y aurait-il eu un acteur important ayant façonné notre passé et ayant modelé le monde actuel ? Y aurait-il des forces qui joueraient un rôle fondamental dans les phénomènes sociohistoriques ? L'auteur a revisité l'histoire de l'humanité et ses analyses montrent que le conquérant serait un acteur principal dans le modelage de la société humaine actuelle. Il *décrit* ses aventures mais surtout *décrie* sa saga sanglante.
(Coll. Pensée Africaine, 28.00 euros, 274 p.) *ISBN : 978-2-296-96584-3*

NÉCESSITÉ D'UNE ARMÉE
Seck Mamadou Mansour
Les pays en développement, en plus de leur devoir d'être prêts à se défendre, trouvent dans l'armée le symbole et le creuset de l'intégration nationale, mais aussi un outil de développement économique. L'auteur démontre que les nations se sont bâties sur les champs de bataille. Toutefois, le rôle de l'armée dans un pays n'est pas de répandre la mort, mais de la prévenir et de participer à des travaux d'intérêt public.
(Coll. Harmattan Sénégal, 11.00 euros, 106 p.) *ISBN : 978-2-296-54902-9*

MÉMOIRES D'ANCÊTRES
Récit traditionnel et historiographie moderne en Afrique
Sy Yaya
Ériger un pont entre traditions orales africaines et historiographie moderne pour créer une *historalité* prospective, fructueuse et en devenir. Cet ouvrage aborde plusieurs thèmes : la naissance des royaumes du Gajaaga et du Boundou (Sénégal, Mali) ; des clés utiles à la compréhension de la famille et de la parenté en Afrique de l'Ouest ; le colonialisme français et les «villages de liberté» ; 50 ans d'indépendance ; un clin d'oeil à Ba Madi-Kaama Kanouté (Mali).
(Coll. Etudes africaines, 28.00 euros, 272 p.) *ISBN : 978-2-296-96824-0*

NORMES (LES) DE LA BIOÉTHIQUE ET L'AFRIQUE
Gueye Ibrahim - Préface du professeur Gérard Teboul
Présenter le droit positif qui, dans le domaine de la bioéthique, fait autorité en Afrique : tel est l'objet de cet ouvrage qui propose des analyses de nature comparative et internationale. En soulignant la force, mais aussi les faiblesses, de la Déclaration sur la bioéthique de 1996, il appelle à la formation d'une convention africaine sur la bioéthique et les droits de la personne humaine.
(Coll. Etudes africaines, 40.50 euros, 426 p.) *ISBN : 978-2-296-96335-1*

DROIT D'INGÉRENCE HUMANITAIRE ET NORMES INTERNATIONALES IMPÉRATIVES
Essai sur les crimes de guerre, crimes contre l'humanité et crime de génocide
Muyambi Dhena Pétillon
Examiner les crimes de guerre, les crimes contre l'humanité et le crime de génocide à la lumière de la norme impérative du droit international, c'est placer la protection de la personne humaine au coeur du droit aussi bien en temps de crise qu'en temps de paix, en vue de jeter les fondations d'un nouvel ordre humanitaire international, de gré ou de force.
(Coll. Géopolitique mondiale, 21.00 euros, 210 p.) ISBN : 978-2-296-96209-5

DROIT (LE) DE LA NAVIGATION INTÉRIEURE EN AFRIQUE CENTRALE : VERS LA COMMUNAUTARISATION
Ngo Mbogba-Mikano Paulette - Avant-propos du professeur Martin Ndendé - Préface du professeur Isabelle Bon-Garcin
Régie par le droit fluvial international de la fin du XIXe et du début du XXe siècle, la navigation intérieure en Afrique centrale, notamment sur le bassin du fleuve Congo et sur ses affluents, tend aujourd'hui vers un droit fluvial communautaire structuré autour de multiples finalités. Les plus importantes sont l'application uniforme des normes et pratiques en matière de navigation intérieure, l'intégration physique régionale et le développement socio-économique de la région.
(Coll. Affaires maritimes et Transports, 28.50 euros, 274 p.) ISBN : 978-2-296-56034-5

PROCÉDURE (LA) DE LA SAISIE IMMOBILIÈRE – **Petit guide pratique du juge**
Moukagni Iwangou - Préface du professeur Antoine Oliveira
La saisie immobilière est une voie d'exécution, qui achève un processus né du défaut d'exécution par un débiteur d'une obligation et de la crainte de non-recouvrement suscitée chez le créancier. Mis en demeure de payer, le débiteur défaillant finit par subir la vente. Brève visite guidée dans le droit uniforme OHADA, ce guide est une invitation à la découverte des règles aujourd'hui communes à seize pays africains.
(Coll. Etudes africaines, 11.50 euros, 88 p.)   ISBN : 978-2-296-54819-0

GUIDE DES CANDIDATS AU CONCOURS D'AGRÉGATION
Méthodes essentielles du cheminement intellectuel
Legre Okou Henri
Ce guide est une contribution méthodologique susceptible de questionner les candidats sur leurs certitudes, d'exercer leur bon sens afin qu'ils trouvent le cheminement de la vérité scientifique. L'écriture de cette oeuvre pédagogique se situe dans une double quête de la part de l'auteur : s'acquitter d'un devoir intellectuel, celui de transmettre le relais aux générations futures ; partager généreusement son expérience.
(Coll. Harmattan Côte-d'Ivoire, 14.00 euros, 134 p.) ISBN : 978-2-296-96953-7

L'Harmattan, Italia
Via Degli Artisti 15; 10124 Torino

L'Harmattan Hongrie
Könyvesbolt ; Kossuth L. u. 14-16
1053 Budapest

Espace L'Harmattan Kinshasa
Faculté des Sciences sociales,
politiques et administratives
BP243, KIN XI
Université de Kinshasa

L'Harmattan Congo
67, av. E. P. Lumumba
Bât. – Congo Pharmacie (Bib. Nat.)
BP2874 Brazzaville
harmattan.congo@yahoo.fr

L'Harmattan Guinée
Almamya Rue KA 028, en face du restaurant Le Cèdre
OKB agency BP 3470 Conakry
(00224) 60 20 85 08
harmattanguinee@yahoo.fr

L'Harmattan Cameroun
BP 11486
Face à la SNI, immeuble Don Bosco
Yaoundé
(00237) 99 76 61 66
harmattancam@yahoo.fr

L'Harmattan Côte d'Ivoire
Résidence Karl / cité des arts
Abidjan-Cocody 03 BP 1588 Abidjan 03
(00225) 05 77 87 31
etien_nda@yahoo.fr

L'Harmattan Mauritanie
Espace El Kettab du livre francophone
N° 472 avenue du Palais des Congrès
BP 316 Nouakchott
(00222) 63 25 980

L'Harmattan Sénégal
« Villa Rose », rue de Diourbel X G, Point E
BP 45034 Dakar FANN
(00221) 33 825 98 58 / 77 242 25 08
senharmattan@gmail.com

L'Harmattan Togo
1771, Bd du 13 janvier
BP 414 Lomé
Tél : 00 228 2201792
gerry@taama.net

652237 - Mai 2016
Achevé d'imprimer par